U0831704

上海市哲学社会科学规划课题
“‘双碳’背景下上海企业强制性碳信息披露制度设计与实施研究”项目(2022BGL009)资助

“双碳”目标背景下
企业价值创造路径与实现机制研究

姚　圣　任邦齐●著

中国矿业大学出版社
·徐州·

内 容 提 要

本书研究了“双碳”目标背景下企业价值创造的理论与实现路径以及路径的实现机制。在理论创新方面，基于低碳经济时代的特点，提出了“双碳”目标背景下企业价值创造来源的三个层次价值。在实现机制研究方面，提出了“社会政治-市场-企业”三层次企业价值创造路径实现的具体实践设计，选择典型企业进行试点，并将试点经验逐步推广。

本书适合对“双碳”目标如何提升企业价值增值问题有兴趣的读者阅读。

图书在版编目(CIP)数据

“双碳”目标背景下企业价值创造路径与实现机制研究/姚圣，任邦齐著.—徐州：中国矿业大学出版社，2023.10

ISBN 978-7-5646-6012-3

Ⅰ.①双… Ⅱ.①姚… ②任… Ⅲ.①企业管理—研究—中国 Ⅳ.①F279.23

中国国家版本馆CIP数据核字(2023)第208593号

书　　名 “双碳”目标背景下企业价值创造路径与实现机制研究

著　　者 姚　圣　任邦齐

责任编辑 何晓明　何　戈

出版发行 中国矿业大学出版社有限责任公司

(江苏省徐州市解放南路　邮编221008)

营销热线 (0516)83885370　83884103

出版服务 (0516)83995789　83884920

网　　址 http://www.cumtp.com　**E-mail**:cumtpvip@cumtp.com

印　　刷 苏州市古得堡数码印刷有限公司

开　　本 787 mm×1092 mm　1/16　**印张** 11.75　**字数** 230千字

版次印次 2023年10月第1版　2023年10月第1次印刷

定　　价 48.00元

(图书出现印装质量问题，本社负责调换)

前　言

我国推行“双碳”政策对企业价值有什么影响，是能提升企业价值，还是抑制企业价值？本书提出构建“双碳”目标背景下基于“社会政治-市场-企业”三层次的企业价值创造理论体系，具有一定的创新与突破。主要表现为：

① 提出“双碳”目标背景下企业价值创造的三层次理论。基于低碳经济时代的特点，本书提出“双碳”目标背景下的企业价值创造来源于三个层次价值：一是基础层的企业账面价值，该价值取决于企业与低碳相关的现金流量；二是中间层的市场价值，该价值取决于企业低碳资产的市场溢价；三是顶层的社会价值，该价值取决于企业低碳经营的未来增长期权价值。

② 确定“双碳”目标背景下企业低碳价值创造的三层次利益相关主体。企业价值层次理论解决了企业低碳价值创造来源的问题，但低碳价值产生的主体也是必须解决的问题。本书对应企业价值层次理论提出了对应的三层次利益相关者，即社会政治层面利益相关者、市场层面利益相关者与企业内部层面利益相关者。三层次利益相关者确定了企业低碳价值创造的主要参与者，企业需要在低碳经营方面迎合不同层次利益相关者的需求，因此，企业在不同的层面上创造了价值。

③ 确定"双碳"目标背景下企业低碳价值创造的实现路径。已有文献对企业价值影响路径的研究多数停留在对未来现金流入量与预期回报率上面,并未分层详细深入研究。本书在研究企业低碳价值来源与作用主体的基础上,基于三层次利益相关者研究了提升企业低碳价值创造的理论路径。在社会政治层面,企业主要通过低碳经营树立良好的形象来提升未来增长期权的价值,从而提供企业的价值创造;在市场层面,企业通过提升在产品市场、资本市场、并购市场与碳排放交易市场的资产溢价来提高企业市场价值创造;在企业内部层面,企业通过实施低碳发展战略,通过运用资金流、内部价值链和管理手段来实施战略,实现公司的账面价值创造,从而达到创造低碳价值的目的。

④ 构建基于"目标-来源-主体-路径"的系统性企业低碳价值创造理论与实践体系。本书的学术创新还体现在理论设计的系统性。本书以提升企业低碳创造价值为目标,确定低碳价值创造的来源,深入研究低碳价值创造的主体,并在此基础上研究增加低碳价值创造的路径。

在此,对长期关心和支持本项研究的专家、学者表示衷心的感谢。由于水平有限,书中难免存在不当之处,恳请同行专家和读者批评指正。

著　者

2023 年 5 月

目 录

第1章 绪 论

1.1 问题提出

为在2050年内实现《巴黎气候协定》中设定的二氧化碳“净零排放”目标，我国高度重视气候变化对国家和社会的影响，积极推进“碳减排”工作。2021年2月印发的《国务院关于加快建立健全绿色低碳循环经济体系的指导意见》指出，到2025年，主要污染物排放总量持续减少，碳排放强度明显降低，生态环境持续改善。到2035年，绿色生产生活方式广泛形成，碳排放达峰后稳中有降，生态环境根本好转，美丽中国建设目标基本实现。2021年政府工作报告也明确提出，加强污染防治和生态建设，持续改善环境，扎实做好“碳达峰”“碳中和”各项工作，继续加大生态环境治理力度，构建绿色低碳循环发展体系，提供基础设施、技术、政策的外围支持。“双碳”目标拓展了生态文明建设的内涵并为其面临的难点问题提供了系统性解决方案(刘燕华 等,2021)。要达到这一目的，就必须在产业结构、能源结构、生产方式、生活方式、空间格局等方面进行深层次、全方位的改变(李高,2021)。因此，实现“双碳”目标的关键在于实现经济和社会的全面绿色转型，使经济走向绿色、低碳、循环发展之路，这也是解决我国资源环境生态问题的基本策略(沈世铭 等,2023)。

在全面绿色转型的背景下，传统企业价值创造理论也会受到一定的冲击。传统企业价值创造理论以“生产要素”“投入-产出流程”“顾客”“财务”为核心构建了价值创造的理论体系(孙艳霞,2012)。“双碳”目标与全面绿色转型会促使企业在价值创造方面做出相应转变，但该如何转变具有一定的争议，存在两种完全不同的观点。一种观点叫“挤出效应”(crowing-out effect)，即低碳化生产要求给企业造成额外的成本负担，挤占其他方面的投资(Jaffe,1995)。因此，很多企业担心“碳减排成本”引起运营成本上升会影响其竞争优势，对企业价值产生危害。另一种观点是以波特假说为代表的“促进效应”(out-put effect),认为适当的环境规制(低碳经营要求)能够促进企业创新,而这些创新将提高企业的生产力,从而抵消由环境规制带来的成本,提高产品质量,获得竞争优势,提高产业生产率,最终使企业获益(Porter et al.,1995)。已有文献的研究结论不一致主要有两方面原因:一是已有研究将“双碳”背景下的企业价值创造依然纳入传统企业价值创造的理论框架中进行分析,即将“低碳排放”作为一个政府额外施加的变量纳入传统价值创造分析模型中,突出表现额外施加的成本,而总体分析仍旧以传统价值创造理论框架为主体。但“双碳”目标背景下的低碳经济时代在企业价值创造方面具有很大的不同,在理论方面需要进行一定的重建以适应变化的企业外部环境。二是对企业长期价值与短期价值的均衡考虑较少。多数研究是从企业短期价值影响方面考虑的,突出表现为采用财务业绩指标来替代企业价值衡量。但在低碳经济时代,企业价值的范围已经超过了财务业绩的单一界定。企业低碳经营除了突出表现为财务绩效特征之外,市场价值与社会价值等代表性的长期价值也应包含在企业价值之中(龙文滨 等,2013)。因此,在低碳经济时代,无论是对企业价值衡量的研究,还是对企业价值创造路径的研究,都需要对企业的短期价值与长期价值有一个综合考虑。多数短期业绩好的企业,其长期价值会很高;也有很多企业在短期内的财务业绩并不好,但具有潜在的长期价值。因此,系统衡量企业的长短期价值是亟待解决的重要问题。在“双碳”目标背景下要彻底解决该问题,迫切需要做好两方面的工作。一方面,依据已有企业价值创造理论和低碳经济的特征,基于长短期价值均衡构建全新的企业价值创造理论体系。另一方面,根据全新的企业价值创造理论体系,研究实现企业价值创造的全新路径与具体实施机制。本书重点围绕这两个问题深入展开研究。

1.2 相关概念界定

1.2.1 “碳中和”与“碳达峰”

“碳中和”(carbon neutral)是指国家、企业、产品、活动或个人在特定时期内直接或间接排放的二氧化碳或温室气体,可以通过植树造林、节能减排等方式来抵消其排放,从而达到“零排放”的目的。在 2007 版《新牛津英语字典》中,官方将“carbon neutral”一词列入词典,将其定义为:计算出总二氧化碳排放量，再用种植树木等方法将其吸收，从而实现环境保护。根据IPCC(政府间气候变化专门委员会)发布的《全球温升1.5 ℃特别报告》中的定义，所谓“碳中和”，是指在规定时期内人为二氧化碳移除在全球范围内抵消人为二氧化碳排放时，可实现二氧化碳净零排放，亦称“CO_2净零排放”(王灿 等，2020)。具体来说，“碳中和”就是将某一区域某一时期(通常为1年)人为活动所产生的二氧化碳直接或间接排放，与通过植树造林等方式所吸收的二氧化碳相抵消，从而达到“净零排放”(胡鞍钢，2021)。

“碳达峰”(peak carbon dioxide emissions)是指二氧化碳排放量创历史最高水平，并且不再增长，经历平台期后步入持续下降阶段。因此，“碳达峰”是二氧化碳排放量从增加到降低的历史拐点，它标志着碳排放同经济发展“脱钩”，“碳达峰”目标既包括达峰年份也包括峰值(胡鞍钢，2021)。

1.2.2 “双碳”目标

“碳达峰”与“碳中和”两个概念合并一起，简称“双碳”。“碳达峰”与“碳中和”有着密切的联系，前者是后者的基础和前提，达峰时间早晚及峰值水平直接影响碳中和的实现时长以及实现难度(李鹏，2022)。2020年9月22日，国家主席习近平在第七十五届联合国大会一般性辩论上指出：“中国将提高国家自由贡献力度，采取更加有力的政策和措施，二氧化碳排放力争于2030年前达到峰值，努力争取2060年前实现碳中和。”这个目标通常被称为“双碳”目标，短期内可能会加大政府和企业的研发支出。但是，长期来看，“双碳”目标对国家的长远发展、对人类的长久文明，都是非常有帮助的。本书的研究内容都是围绕着“双碳”目标展开的，“双碳”目标是本书的研究背景，在此背景下，如何提升企业的价值是本书的最终目标。

1.2.3 价值

基于不同的研究视角，价值有不同的定义。

(1) 哲学上的定义

哲学上的价值实质上就是主体对主体的影响，其作用是主体的发展和完善。价值是一种特殊的主体和对象的关系。价值与主体的目的、意志、需要有关，要成为价值关系的客体，就需要满足主体的特定目的和需要(郭凤志，2003)。事物的对象(包括事物、事件、属性、功能、行为、观点、社会制度等)由于能够满足主体的某些需求，并提供一定的好处，所以被认为是有价值的。于是，受试者就会产生某种偏好、兴趣和欲望，因而就有了价值的标准与尺度(张华夏,2001)。

(2) 经济学上的定义

从产品价值的角度来界定经济学观点的价值,价值是一种对人们的需求有用的东西,一般指对象在主体中所显示的正面含义和效用。具体来说,价值是指事物、个人或组织(对象)对其他事物、个人或组织(对象)的效用,或者说,价值是对象对对象的影响和意义。所以,价值就是对象对对象的效用。它有四大特点:一是主观性,事物的价值取决于对象的能动性,也就是主体对对象的感觉和测量;二是客观性,价值的客观性是指客观的需要,并不是由人的意愿决定的;三是指未来的价值,人的世界是充满着人的意向性、自主性和创造性的;四是多元化、多层次的价值观对价值主体的肯定要体现出不同的、多层次的价值表达(郭凤志,2003)。

按照马克思主义政治经济学的观点,凝结在劳动产品中的无差别的一般劳动就是价值。它是包含在一切商品中的同质的东西,并决定着商品交换的比例。所以,价值体现的是人们交换劳动的生产关系,这是价值的实质。马克思最早对价值的定义是基于商品价值展开的,通过对商品价值的定义,确定了剩余价值的来源。按照西方经济学的观点,价值是消费者对效用的主观评价。对于消费者来说,商品价值无非就是商品能在多大程度上满足他的需要,而对于生产者来说,价值无非就是他花费成本生产出来的商品能否或在多大程度上给他带来效用(利润)(晏智杰,2001)。

1.2.4 企业价值

多数研究认为,作为特殊的商品,企业价值是指企业本身的市场价值,是企业有形资产和无形资产等有价值资产的市场评价,是企业在未来经营期间的业务活动所带来现金流量的一个折现值。它同财务决策紧密相关,反映着企业资金的时间价值、风险和可持续发展能力。预期自由现金流量是指企业扣除了所有经营支出、投资需要和税收之后的,在清偿债务之前的剩余现金流量。预期报酬率是指资金使用者对资金使用所要求的最低报酬率,包括资金的时间价值与预期风险溢价。因此,提升自由现金流量与有效控制风险是提升企业价值的重要路径。如果企业是股份制企业,企业价值又称为公司价值,那么既可以使用资产负债表左侧的资产市场价值进行衡量,也可以采用资产负债表右侧的股权与负债的市场价值进行衡量(孙国茂,2002)。因此,公司价值既可以使用传统企业价值的定义进行界定,也可以用股权价值与负债价值的和进行定义。

已有对企业价值(或公司价值)的定义,基本上都是基于企业价值估值模型进行界定的,但这些定义可能无法完整反映其实质内容。作为价值中的一种类型,企业价值应该从价值的基本定义演化得到。价值是指事物、个人或组织(客体)对其他事物、个人或组织(主体)的效用,或价值是客体对主体的作用和影响(意义)。对照这个定义,可以将企业价值定义为,企业(客体)对其利益相关者(主体)的效用。同时,企业价值也基本符合价值的四个特征。第一,企业价值具有主体性特征。利益相关者对企业价值具有主观感受与衡量。也就是说,企业价值的大小在一定程度上取决于主体的主观感受。第二,企业价值具有客观性,主要是指利益相关者与企业之间相互需要的客观性。第三,企业价值具有未来指向性特征。未来指向性具有客观与主观的区分,客观未来指向性是未来现金流量的客观性,而主观未来指向性是指利益相关者对企业未来发展潜力的主观判断。第四,企业价值具有多样性与多层次性特征。对于企业利益相关者而言,利益相关者具有一定的层次性,对企业价值的主客观感受同样存在一定的层次性,因此,对企业价值需要多层次和全面的衡量。

1.2.5 企业价值创造

早期价值创造的概念与为顾客提供价值密切相连。早期的价值创造是指企业在生产、供应、满足目标客户需要的产品或服务的一系列业务活动中实现的价值增值。与价值创造密切相连的概念是价值链,是指增加一个企业产品或者服务实用性(价值)的一系列作业活动。企业通过这些作业活动提供使用价值,扣除作业消耗的资源成本后,差额就是创造的价值。早期企业价值创造的概念与生产类型企业价值创造概念是一致的,但随着企业经营业务范围日益扩大,以顾客为中心的价值创造只是企业价值创造的一部分,还有其他业务会使企业价值增值,如资本溢价、商誉等。与企业价值的定义保持一致,企业价值创造可定义为使利益相关者(主体)的效用增加的一系列活动,即能够增加企业价值的一切活动均为企业价值创造。因此,企业价值创造突出表现为两个方面的特点:一是企业价值创造体现出动态性,具有活动的性质;二是企业价值创造体现的是增量。企业价值是存量概念,而企业价值创造是增量概念。一般而言,只要在某个期间企业价值创造是增加的,则企业价值会保持持续增加。

1.3 研究内容与目标

1.3.1 总体问题

为实现我国碳中和中期目标和建设美丽中国长期目标，很多文献从排放路径、技术路径与社会路径等角度提供了解决方案（王灿 等，2020），也有研究从居民绿色出行（景鹏 等，2016；刘文龙 等，2019）、绿色消费行为（马振涛 等，2015；夏先良，2016）、新能源使用（王永中，2021；李十中，2021）与大力推动能源技术革命（胡鞍钢，2021）等角度提出解决该问题的路径。实际上，如何促进工业企业进行低碳经营，并在低碳经营中实现价值增值，也是实现“双碳”目标的重要途径之一。为了实现该路径，需要有效解决两个问题。

（1）如何构建“双碳”目标背景下企业价值创造的理论框架体系问题

从企业管理层的视角来看，如果企业实施了低碳运营或者低碳运营程度高，就能够获得额外的低碳价值创造或者更多的价值创造，从而验证低碳运营与企业价值创造具有正向的显著相关性。这需要理论体系的支撑，因此，需要构建企业价值创造的理论体系，系统解释低碳运营所能带来的企业价值增值。

（2）如何从实践中确定企业价值创造的全新路径与实现机制问题

在实践方面，研究如何在“双碳”背景下实现企业价值创造，即具体路径与实施机制，也即实现低碳发展与企业价值创造的双赢结果。主要解决的问题是，相比于传统企业价值实现路径，“双碳”目标背景下企业价值创造的全新路径有哪些及如何实现？

因此，本书计划围绕着这两个问题展开深入研究。一方面，从理论上构建“双碳”目标背景下企业价值创造的理论框架；另一方面，从实践上研究企业价值创造的新路径与实现机制。

1.3.2 研究对象

为了解决以上两个问题，本书基于利益相关者分层理论与企业价值分层理论构建“双碳”目标背景下的企业价值创造理论，并研究确定企业价值创造的实现路径。对应具体的研究对象是企业利益相关者分层、企业价值分层构成、企业价值创造路径与实践应用指引。

（1）“双碳”目标背景下企业利益相关者分层研究

企业通过满足企业利益相关者的需要来实现整体价值的增值。特别是在低碳经济时代，如何满足企业利益相关者的需求，并从中实现企业价值创造是本书的主要研究问题。本书充分结合利益相关者理论与低碳经济的特点，计划将企业利益相关者分为三个层面，即社会政治层面、市场层面与企业内部层面，根据不同层面利益相关者的需求研究企业价值创造的来源。

（2）“双碳”目标背景下企业价值分层构成研究

主要研究低碳经济时代与“双碳”目标背景下企业价值的构成。对应三个层面的利益相关者，具体研究企业价值的三个层面构成，即从社会价值、市场价值与企业本位价值（账面价值）三部分进行理论基础的构建。

（3）“双碳”目标背景下企业价值创造路径研究

对应利益相关者分层与企业价值分层构成，具体研究低碳经济时代企业价值创造的路径。从三个层面的企业价值分别研究企业价值创造的实现路径，即从社会层面、市场层面与企业内部层面研究确定具体的作用路径。从对应关系上看，在社会层面，企业社会价值对应未来增长期权价值；在市场层面，企业市场价值对应资产溢价；在企业内部层面，企业本位价值对应净资产账面价值。

（4）“双碳”目标背景下实践应用指引研究

对应“双碳”目标背景下企业价值创造理论与具体实现路径，为了全面推广实施，本书进行应用实践的制度设计，最终得到实践操作的应用指引，并进行试点应用。

1.3.3 研究内容

对应研究对象与研究问题，本书主要研究五个部分的内容。

（1）第一部分：“双碳”目标背景下企业价值创造理论的构成框架研究

本部分主要基于传统企业价值创造理论与利益相关者分层理论，结合低碳经济时代背景与“双碳”目标，研究构建企业价值创造的基础理论框架。

一是传统企业价值创造的理论与模式，主要研究传统企业价值来源、构成与具体模式。具体包括：① 基于劳动价值理论的企业价值创造理论；② 基于要素价值理论的企业价值创造理论；③ 基于效用价值理论的企业价值创造理论；④ 基于顾客价值理论的企业价值创造理论；⑤ 基于价值链的企业价值创造理论；⑥ 基于资本结构理论的企业价值创造理论。

二是“双碳”目标时代企业价值创造的来源与特征，主要研究在低碳经济时代，企业价值创造呈现的与传统方式不同的特征。具体包括：①“双碳”目标时代对企业经营行为的影响；②“双碳”目标时代企业价值的来源；③“双碳"目标时代企业价值创造的主要特征。

三是"双碳"目标时代企业价值创造路径的理论基础。本书研究的重点是建立企业低碳价值创造的理论体系,依据利益相关者的层次性归纳与研究三方面的基础理论,具体包括:① 企业价值分层理论;② 利益相关者分层理论;③ 企业价值分层与利益相关者分层的对应关系。

四是"双碳"目标时代企业价值创造路径的理论构成框架。依据低碳经济时代企业价值的来源与构成,以利益相关者理论等作为支撑,构建企业低碳价值创造的理论框架。具体包括:① 企业价值创造路径的理论框架;② 社会政治层面利益相关者-增长期权价值-社会政治层面顶层理论;③ 市场层面利益相关者-市场价值-市场层面中层理论;④ 企业层面利益相关者-账面价值-企业内部价值链层面基础层理论。

(2) 第二部分:社会政治层面企业价值创造路径研究

依据利益相关者(Post et al.,2002)分类,将社会政治层面利益相关者界定为"权益监管者"和"权益守护者",即政府、消费者协会、非政府组织、环境保护团体、特殊利益群体等。本部分主要研究企业通过低碳经营使社会政治层面的利益相关者增值,从而给企业增加价值的理论指导体系与实现路径。根据企业低碳经营的发展程度,研究不同发展阶段的价值创造理论与实现路径。

一是社会政治层面利益相关者与企业社会价值的对应关系,主要研究企业满足社会政治层面利益相关者需求时,企业价值会获得多大的提升。具体包括:① 企业社会价值的衡量;② 社会政治层面利益相关者分类与企业社会价值实现路径。

二是基于政府补贴与优惠支持的价值创造路径,主要研究企业早期通过获得政府补贴和各种优惠政策进行价值创造的理论与实现路径。具体包括:① 政府补贴;② 其他优惠支持。

三是基于行业低碳领先的价值创造路径,主要研究企业碳排放处于行业领先水平时所形成的超额收益。具体包括:① 各国低碳发展的情况;② 我国行业低碳地区试点;③ 我国行业低碳领先对企业价值的促进作用。

四是基于行业碳壁垒的价值创造路径,主要研究在政府设置行业碳壁垒后所形成的超额收益。具体包括:① 优化贸易结构,促进多地贸易;② 主动应对碳壁垒问题;③ 政策支持创造良好的成长环境;④ 市场机制实现可持续的转型。

五是基于环保团体认可度提升的价值创造路径,主要研究企业低碳经营取得一定成效并获得环保团体进一步认可后的价值创造理论与实现路径。具体包括：① 国外环保团体的发展；② 国内环保团体的发展；③ 企业和环保团体的合作互动。

六是基于社会良好形象的价值创造路径，主要研究具有良好低碳经营成果的企业，通过低碳社会形象创造价值的理论与实现路径。具体包括：① 外部社会收益理论；② 企业低碳社会良好形象对价值创造的影响。

（3）第三部分：市场层面企业价值创造路径研究

根据利益相关者分类，市场层面的利益相关者是介于企业与社会政治层面之间的中间层次利益相关者。市场类型一般包括产品市场、资本市场、并购市场与碳排放权交易市场。具体利益相关者包括产品市场主体（主要是消费者、分销商、供应商、竞争者）、资本市场主体、并购市场主体与碳排放交易主体。本部分主要研究企业如何通过市场层面利益相关主体实现价值创造的指导理论与路径。

一是市场层面利益相关者与企业市场价值的对应关系，主要研究企业满足市场层面利益相关者需求的时候，企业价值可以获得多少的提升。具体包括：① 企业市场价值的衡量；② 市场层面利益相关者与企业市场价值实现路径。

二是产品市场基于消费者认同的价值创造路径，主要研究消费者（或分销商）对企业低碳经营的认同所导致的企业价值创造。具体包括：① 产品市场的消费者认同；② 消费者对低碳品牌认同的价值创造；③ 消费者善因认同的价值创造；④ 消费者内在道德认同的价值创造。

三是产品市场基于供应商认同的价值创造路径，主要研究低碳供应链中采购环节的价值创造理论与实现路径。具体包括：① 低碳供应商选择的价值创造；② 供应商协同低碳化的价值创造；③ 供应商认同的采购成本（时间）节约。

四是资本市场基于低碳商誉的价值创造路径。主要研究低碳经营的企业在资本市场的价值创造理论与实现路径。具体包括：① 基于低碳概念的市场价值增值；② 基于低碳商誉积累的市场价值增值。

五是并购市场基于低碳并购的价值创造路径，主要研究在并购市场中通过低碳并购与被并购所产生的价值创造路径。具体包括：① 并购低碳企业产生的价值增值路径；② 被低碳企业并购产生的价值增值路径；③ 不同低碳并购类型的价值创造路径。

六是碳排放权交易市场基于低碳经营的价值创造路径，主要研究在碳排放权交易市场中，低碳经营企业可以获得的短期与长期的价值创造。具体包括:① 低碳经营企业的实物期权价值创造路径;② 低碳经营企业短期价值创造路径;③ 低碳经营企业长期价值创造路径。

(4) 第四部分:企业内部价值链层面价值创造路径研究

根据利益相关者的界定,企业层面的利益相关者主要包括股东(所有者)、管理层与职工。本部分主要研究如何通过低碳战略的实施,既减少碳排放,又实现企业价值的增值。

一是企业层面利益相关者与企业账面价值对应关系,主要研究满足企业利益相关者的需求后,企业价值的提升程度。具体包括:① 企业账面价值的衡量;② 企业内部层面利益相关者分类与企业账面价值实现路径。

二是企业低碳战略制定与实施,主要研究如何通过低碳战略的制定与执行获取竞争优势。主要包括:① 基于碳减排的竞争优先权设定;② 基于资金流与价值链双线的低碳运营战略研究;③ 低碳业绩评价与管理研究。

三是基于企业低碳资源与能力整合的价值创造路径,主要研究企业如何对已有资源与核心能力进行整合与充分利用,达到价值创造的目标。具体包括:① 低碳资源的优化配置路径;② 低碳核心能力的整合路径;③ 低碳资源与核心能力匹配的整合路径。

四是基于低碳融资的价值创造路径,主要研究实施低碳战略的企业如何利用绿色金融政策获得融资成本上的节约。具体包括:① 基于低碳融资价值创造的原理;② 权益融资成本节约;③ 债务融资成本节约;④ 其他环境权益融资方式的成本节约。

五是基于低碳投资的价值创造路径,主要研究实施低碳战略的企业如何通过低碳投资获取收益。具体包括:① 企业低碳投资的规模回报效应;② 企业低碳投资的效率效应;③ 企业低碳投资的衍生回报效应。

六是基于低碳研发的价值创造路径,主要研究实施低碳战略的企业如何通过低碳研发、产品设计与产品改良获取价值增值。具体包括:① 低碳技术创新的价值创造路径;② 低碳产品设计的价值创造路径;③ 低碳产品改良的价值创造路径。

七是基于低碳生产的价值创造路径,主要研究实施低碳战略的企业如何通过低碳生产制造与内部运营效率提高获取价值增值。具体包括:① 低碳生产技术运用的价值创造路径;② 低碳生产导向的内部流程再造的价值创造路径;③ 员工低碳意识提高的价值创造路径;④ 低碳导向的内部价值链整合的价值创造路径。

八是基于低碳销售与售后服务的价值创造路径,主要研究销售环节的低碳经营所获得的价值创造。具体包括：① 低碳营销的价值创造路径；② 迎合低碳消费的价值创造路径；③ 低碳售后服务的价值创造路径。

九是基于低碳业绩评价与管理的价值创造理论，主要研究如何通过业绩管理工具促进企业低碳战略落地。具体包括：① 低碳增加值评价体系；② 平衡计分卡评价体系；③ 低碳价值创造的管理研究。

（5）第五部分："双碳"目标背景下企业价值创造路径的实现机制研究

本部分主要基于"压力/动力-低碳运营战略与实践-价值创造（业绩）"的作用机制，对企业低碳价值创造理论进行实践设计，并对价值创造绩效实施评价与管理设计。

一是企业低碳价值创造实践的外部环境设定研究，主要研究企业低碳价值创造实践的外部压力环境设置。外部压力既会直接影响社会政治层面的低碳价值创造，也会通过企业低碳战略间接影响企业层面的低碳价值创造。具体包括：① 国际环境设定；② 国内环境设定。

二是企业低碳价值创造的行业与发展阶段分类实践研究，主要依据行业类型与企业发展阶段进行低碳价值创造实践设计。具体包括：① 高碳行业；② 低碳行业；③ 清洁能源行业。

三是企业低碳价值创造的绩效管理工具研究，主要研究企业如何利用绩效管理工具更好地进行低碳价值创造。具体包括：① 低碳社会形象管理工具研究；② 市场低碳商誉管理工具研究；③ 基于资金流的企业低碳战略绩效管理工具研究；④ 基于内部价值链的企业低碳战略绩效管理工具研究；⑤ 基于企业低碳战略绩效评价的管理工具研究。

四是基于"社会政治-市场-企业"三层次企业低碳价值创造的具体实践设计。本部分依据三层次理论研究成果，对企业低碳价值创造的实践应用进行具体设计。具体包括：① 社会政治层面的操作指引研究；② 市场层面的操作指引研究；③ 企业内部价值链层面的操作指引研究；④ 企业低碳价值创造绩效评价与管理操作指引研究。

五是典型企业试点与地区推广研究。根据行业与发展阶段分类选择典型企业，将设计完备的企业低碳价值创造实践体系进行实际应用，在此基础上总结经验并推广应用。具体包括：① 试点企业的选择标准；② 分类实施应用与效果评价；③ 实践指引修正与完善；④ 地区试点与全面推广应用。

1.3.4 章节之间的相互关系

本书研究内容由两大部分构成，一是"双碳"目标背景下企业价值创造的理论与实现路径研究(图 1-1 的上半部分);二是"双碳"目标背景下企业价值创造路径的实现机制研究(图 1-1 的下半部分)。第 2 章进行了"低碳发展"与"企业价值创造"相关主题的文献综述。第 3 章根据利益相关者分层、企业价值构成与低碳经营的特征确定企业价值创造的理论基础与构成框架。在第 3 章的理论框架下,基于利益相关者分层理论,将低碳经营企业的利益相关者分为社会政治层面、市场层面与企业内部价值链层面的利益相关者,分别对应第 4 章社会政治层面企业价值创造路径研究、第 5 章市场层面企业价值创造路径研究与第 6 章企业内部价值链层面价值创造路径研究。而从企业价值构成的视角,第 4 章到第 6 章分别对应社会政治层面的增长期权价值、市场层面的市场价值与企业内部价值链层面的账面价值。增长期权价值、市场价值与账面价值是企业低碳价值创造的主要来源路径,也是企业低碳价值创造理论建立的基础。

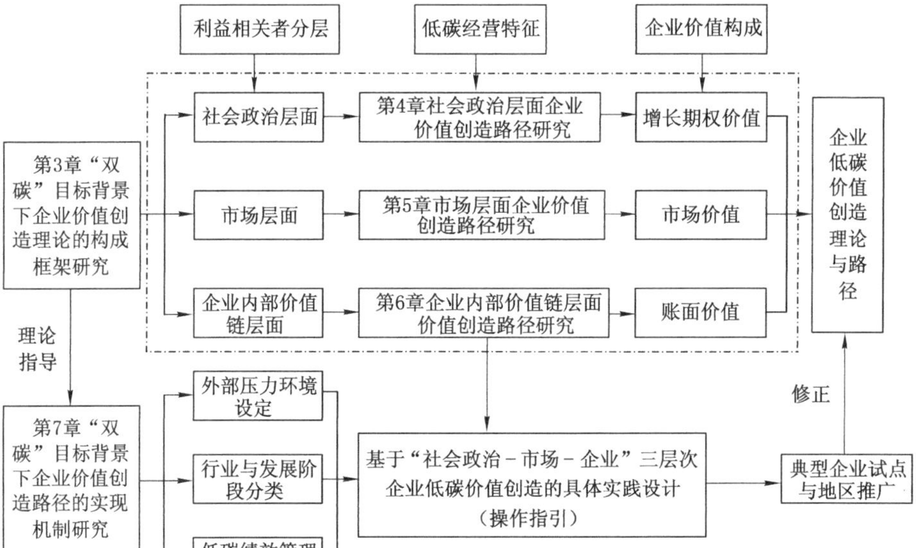

图 1-1　研究内容框架图

基于企业的低碳价值创造理论,第 7 章主要进行"双碳"目标背景下企业价值创造路径的实现机制研究,侧重于实践方面的研究。在外部环境设定与行业发展阶段分类的基础上,依照企业低碳价值创造理论中的三个层面具体构建"社会政治-市场-企业"三层次企业低碳价值创造的具体实践设计,并选择典型企业与地区进行试点。最后，对试点运行情况进行总结，进一步修正现有企业低碳价值创造理论，条件成熟后在全国其他地区与企业中全面推广。

1.4 研究特色与创新

1.4.1 学术观点创新与突破

本书提出构建“双碳”目标背景下基于“社会政治-市场-企业”三层次的企业价值创造理论体系，具有一定的创新与突破。

（1）提出“双碳”目标背景下企业价值创造的三层次理论

基于低碳经济时代的特点，本书提出“双碳”目标背景下企业价值创造源于三个层次价值。一是基础层的企业账面价值，该价值取决于企业与低碳相关的现金流量；二是中间层的市场价值，该价值取决于企业低碳资产的市场溢价；三是顶层的社会价值，该价值取决于企业低碳经营的未来增长期权价值。“三要素价值来源”理论解决企业低碳价值创造理论中的来源与路径问题，只有明确企业低碳价值创造的构成与来源，才能够找到增加企业低碳价值的方法与路径。传统企业价值创造理论主要关注的是企业的未来现金流量，即从基础层考虑企业价值增值的来源，中间层与顶层则没有系统纳入进来。本书以低碳价值为主线，系统地提出了企业低碳价值创造的三层次价值来源，比传统价值创造理论更深入一步。

（2）确定“双碳”目标背景下企业低碳价值创造的三层次利益相关主体

企业价值层次理论解决了企业低碳价值创造来源的问题，但低碳价值产生的主体也是必须解决的问题。本书对应企业价值层次理论提出了三层次利益相关者，即社会政治层面利益相关者、市场层面利益相关者与企业内部层面利益相关者。三层次利益相关者确定了企业低碳价值创造的主要参与者，企业需要在低碳经营方面迎合不同层次利益相关者的需求，因此，企业在不同的层面上创造了价值。已有研究多数都是以企业作为价值创造的主体，实际上，企业作为主体只是一个方面，更多的价值创造需要依靠企业与其他利益相关主体共同创造。

（3）确定“双碳”目标背景下企业低碳价值创造的实现路径

已有文献对企业价值影响路径的研究多数停留在对未来现金流入量与预期回报率上面，并未分层和深入研究。本书在研究企业低碳价值来源与作用主体的基础上，基于三层次利益相关者研究了提升企业低碳价值创造的理论路径。在社会政治层面,企业主要通过低碳经营树立良好的形象来提升未来增长期权的价值,从而提供企业的价值创造;在市场层面,企业通过提升在产品市场、资本市场、并购市场与碳排放交易市场的资产溢价来提高企业市场价值创造;在企业内部层面,企业通过实施低碳发展战略,运用资金流、内部价值链和管理手段,实现公司的账面价值创造,从而达到创造低碳价值的目的。

(4) 构建基于"目标-来源-主体-路径"的系统性企业低碳价值创造理论与实践体系

本书的学术创新还体现在理论设计的系统性。本书以提升企业低碳创造价值为目标,确定低碳价值创造的来源,深入研究低碳价值创造的主体,并在此基础上研究增加低碳价值创造的路径。本书较为系统地研究了基于"目标-来源-主体-路径"的企业价值创造理论体系,对推进传统企业价值创造理论的发展具有重要的意义。

1.4.2 研究方法创新与突破

对比已有研究,本书在研究方法方面具有一定的创新与突破。

(1) 基于理论整合与实践验证相结合的研究方法

本书主要基于传统企业价值创造理论,结合利益相关者理论,通过理论整合与演绎的方式构建企业低碳价值创造理论。在此基础上,通过试点企业的实际效果修正已建立的理论,最终得到修正后的理论体系。本书在使用理论与实践相结合方法的时候,注重突出低碳价值创造的体现,并以低碳价值创造为理论核心对现有理论进行有效整合。

(2) 基于案例分析的研究方法

本书在市场层面与企业层面的分析中,采用案例分析的方法。以上市公司的数据为例,通过案例分析企业低碳经营对企业市场价值与账面价值的影响情况。

(3) 文献分析法

梳理"双碳"和"企业价值"相关的文献,找到通过企业"减排"提升企业价值的路径和方法,通过企业"降碳"实现市场价值和社会整体价值的提升。

1.4.3 制度设计的创新与突破

对应企业低碳价值创造理论,本书在企业低碳价值创造实践的制度设计方面也具有一定的创新与突破。

(1) 围绕企业低碳社会价值进行顶层制度设计

顶层制度设计的主要目标是让低碳经营的企业展示其潜在的社会价值，即低碳经营的企业具有未来增长期权价值。本书对外部制度进行系统设计，使低碳业绩较好的企业展现较好的企业价值，而且要求这种由低碳业绩所产生的价值创造能够被企业、行业竞争对手以及其他利益相关者充分识别。

（2）围绕企业低碳资产溢价进行中层制度设计

中层制度设计的目的是使企业低碳运营的价值能够充分体现在市场价值上，即企业低碳资产具有较好的市场溢价。本书在充分尊重市场规律的前提下，在制度设计上体现出低碳经营在市场认同上的共识，促进投资者对低碳经营的有效识别。

（3）围绕企业经营现金流进行基础层制度设计

基础层制度设计的目的是使企业愿意采用低碳经营战略，即低碳经营的企业能够获得较好的经营现金流回报，增加账面价值。本书在制度设计上既考虑了实施低碳战略在短期内的成本，也充分考虑到了未来现金流的价值，有助于企业管理层对低碳战略实施效果的有效识别。

第2章 文献回顾

本书的研究涉及“低碳发展”与“企业价值创造”两大研究主题。在已有文献中,我国“碳达峰”“碳中和”的目标与实现路径给企业界定了低碳发展的外部环境,企业面临着双重力量来适应这个环境。第一个力量来自政府环境规制对企业个体的影响,第二个力量来自企业个体主动性的社会责任承担。这两个力量均会影响企业价值创造,进而影响最终的企业价值(具体文献逻辑关系如图 2-1 所示)。按照图 2-1 的逻辑关系,首先,对我国“碳达峰”“碳中和”目标与实现路径的研究文献进行梳理;其次,梳理企业价值与企业价值创造的相关研究文献;再次,梳理政府环境规制与企业价值之间关系的研究文献;最后,综述利益相关者治理的文献,以及企业主动承担社会责任对企业价值影响的文献。

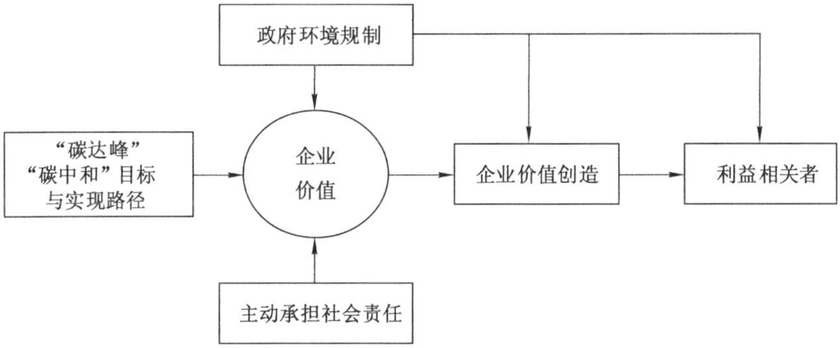

图 2-1 文献逻辑关系

2.1　关于“碳达峰”与“碳中和”的相关研究

2.1.1　“碳达峰”与“碳中和”提出的背景

我国是世界上人口众多、碳排放量较大的国家。在实现社会主义现代化的过程中，应对气候变化，既是最大的挑战，也是实现绿色工业化、城镇化和农业现代化的最好机会。我国为了积极应对气候变化，提出“碳达峰”“碳中和”目标，这不是战术层面的考虑，而是进入新发展阶段、新发展格局的战略选择（张永生 等，2021）。这既是实现可持续发展的必然要求，也是推进生态文明建设、实现美丽中国建设的关键。同时，这也是我们履行国际责任，推动人类命运共同体建设的责任。习近平主席在2020年9月的第七十五届联合国大会一般性辩论上指出，中国争取于2030年前二氧化碳排放量达到峰值，争取2060年前实现“碳中和”目标。习近平主席在2020年12月的气候雄心峰会上指出，到2030年中国单位国内生产总值二氧化碳排放将比2005年下降65％以上，非化石能源占一次能源消费比值将达到25％左右。2021年3月召开的中央财经委员会第九次会议指出，要如期实现“碳达峰”“碳中和”目标。2021年，“碳达峰”“碳中和”被首次写入政府工作报告，为我国低碳经济的发展提供了新的机遇（师帅 等，2021）。

“碳中和”与“碳达峰”被视为绿色工业革命，其影响范围极广、影响非常深远。与前三次工业革命在经济增长和碳排放增长方面的基本特点不同，这次革命本质上是由黑色工业革命向绿色工业革命转变，由不可持续黑色发展向可持续绿色发展转变（胡鞍钢，2021）。虽然我国已经具备了一定的物质基础和政策条件，但是仍然有明显的困难亟待解决（张友国，2021）。第一，我国碳排放总量大。我国是世界最大的能源生产国和消费国，并且我国正处于工业发展阶段，经济发展任务艰巨，电力需求还将刚性增长。第二，时间紧迫。从“碳达峰”到“碳中和”，欧盟用了大约70年，美国、日本用了40年左右，我国仅要用30年时间完成（邹才能 等，2021a）。第三，产业结构偏重、能源结构偏煤、能源利用效率偏低。要实现“双碳”目标，就要提升煤炭资源的利用效率和非化石资源的利用率（王永中，2021）。第四，低碳技术挑战。实现“双碳”目标就要在海上风电、氢能利用、循环经济、智能交通、电动汽车等技术领域持续发力（邹才能 等，2021b）。

2.1.2 “碳达峰”与“碳中和”的目标

为了早日实现“碳达峰”“碳中和”目标，我国提出了相应的国际与国内阶段性政策目标。

(1) 我国“双碳”的国际目标设定演变

我国倡导通过多边机制来应对全球气候变化，以实现我国的“双碳”目标(张中祥，2021)。2009年12月，在哥本哈根召开的联合国气候变化大会上，我国建议到2020年，单位国内生产总值二氧化碳排放比2005年下降40%～45%。中美两国在2014年11月共同发布《中美气候变化联合声明》，中国计划2030年左右二氧化碳排放达到峰值且将努力早日达峰，非化石能源占一次能源消费比重提高到20%左右。2020年9月，中、法、德三国共同提出了建立“中欧绿色合作伙伴关系”的构想。随后，习近平主席在第七十五届联合国大会上宣布，中国将在2030年前实现“碳达峰”目标，并在2060年前实现“碳中和”。2020年12月，习近平主席在气候雄心峰会上指出，到2030年中国单位国内生产总值二氧化碳排放将比2005年下降65%以上，非化石能源占一次能源消费比重将达到25%左右，森林蓄积量将比2005年增加60亿立方米，风电、太阳能发电总装机容量将达到12亿千瓦以上。2021年1月，习近平主席在世界经济论坛“达沃斯议程”对话会上指出，要坚持发展优先，落实联合国2030年可持续发展议程。2021年4月，习近平主席在“领导人气候峰会”上强调中国将严控煤电项目，“十四五”时期严控煤炭消费增长、“十五五”时期逐步减少煤炭消费。具体的国际目标设定演变如图2-2所示。

(2) 我国“双碳”的国内目标设定演变

2006年3月，我国政府在“十一五”规划中提出，2010年全国单位国内生产总值能耗要比2005年降低20%。2011年3月，我国政府在“十二五”规划中提出，2015年单位国内生产总值能耗比2010年降低16%，单位国内生产总值二氧化碳排放降低17%，非化石能源占一次能源消费比重达到11.4%。2014年6月，我国政府在《能源发展战略行动计划(2014—2020年)》中提出，到2020年一次能源消费总量控制在48亿吨标准煤左右，煤炭消费总量控制在42亿吨标准煤左右，非化石能源占一次能源消费比重达到15%，天然气比重达到10%以上，煤炭消费比重控制在62%以内。2015年6月，我国向联合国气候变化框架公约秘书处提交了应对气候变化的国家自主贡献文件《强化应对气候变化行动——中国国家自主贡献》。文件指出，到2030年单位国内生产总值二氧化碳排放比2005年下降60%～65%。2016年3月，我国政府在

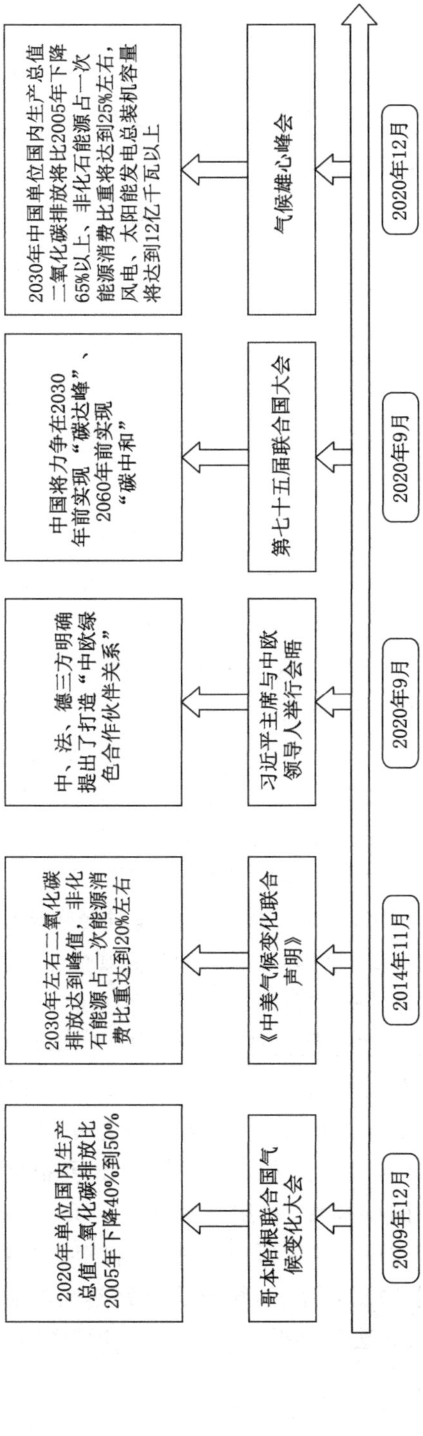

图2-2　我国的国际目标设定演变

“十三五”规划中提出，2020 年单位国内生产总值能源消耗较 2015 年降低 15％，单位国内生产总值二氧化碳排放较 2015 年降低 18％。2021 年 3 月，我国政府在“十四五”规划中提出，“十四五”时期单位国内生产总值能源消耗和二氧化碳排放分别降低 13.5％、18％，加快推动绿色低碳发展，持续加强生态文明建设。具体的国内目标设定演变如图 2-3 所示。

2.1.3 “碳达峰”与“碳中和”目标的实现路径研究

已有文献归纳了实现“碳达峰”“碳中和”的关键技术路径，即以清洁化、电气化、数字化、标准化为方向，加强科技创新与政策机制支撑，构建清洁低碳高效的能源体系。

（1）清洁化

清洁化是指从供给侧出发，限制煤炭资源的开采与使用，利用清洁能源发电。

① 优化煤炭资源的利用。我国是最大的煤炭生产国和进口国，煤炭消费占全球的一半以上，1750 年以来，能源累计碳排放 2 100 亿吨，占全球总量的 13％。胡鞍钢(2021)提出要建立“无煤城市”，实现“无煤发电”与“无煤取暖”，限制煤炭企业的发展，最终建立煤炭退出机制。然而，我国 90％的用电量需要依靠火电，清洁能源发电仅仅能满足 10％的需要。虽然新型配电系统可以减少电力行业碳排放(王金丽 等，2023)，但是完全限制我国煤炭的生产和消费，短期来看仍然是不现实的。可以通过改进技术、提高我国煤炭的使用效率，来减少“碳排放”。谢和平等(2021)认为我国的煤炭能源和清洁能源在一定时期内将会共存，提出要持续提升煤炭资源的利用效率，减少煤炭资源的消费，推进二氧化碳资源的再利用，实现煤炭行业的高质量和高技术发展。煤炭企业要进行技术研发，积极落实“减排”责任，清洁能源企业要提升发电量，研发储电技术，以满足我国能源的需求和“双碳”目标的实现。

② 碳捕集、利用和封存。碳捕集、利用与封存(CCUS)被认为是解决我国以煤为主能源体系、低碳化发展的重要战略性技术之一。CCUS 技术对于我国今后履行“碳中和”承诺、保障能源安全、建设生态文明、实现可持续发展具有十分重要的意义。张九天等(2021)从技术层面提出，要根据“碳中和”目标的要求，加快构建全面系统的碳捕集、利用与封存(CCUS)技术体系，充分发挥其减排和负排放的作用。同时，深入研究碳捕集、利用与封存(CCUS)技术在实现“碳中和”目标过程中的发展路径，统筹协调好其在能源部门和工业部门的应用。潘晓滨(2021)从立法角度提出，要健全我国“碳市场”立法与配套

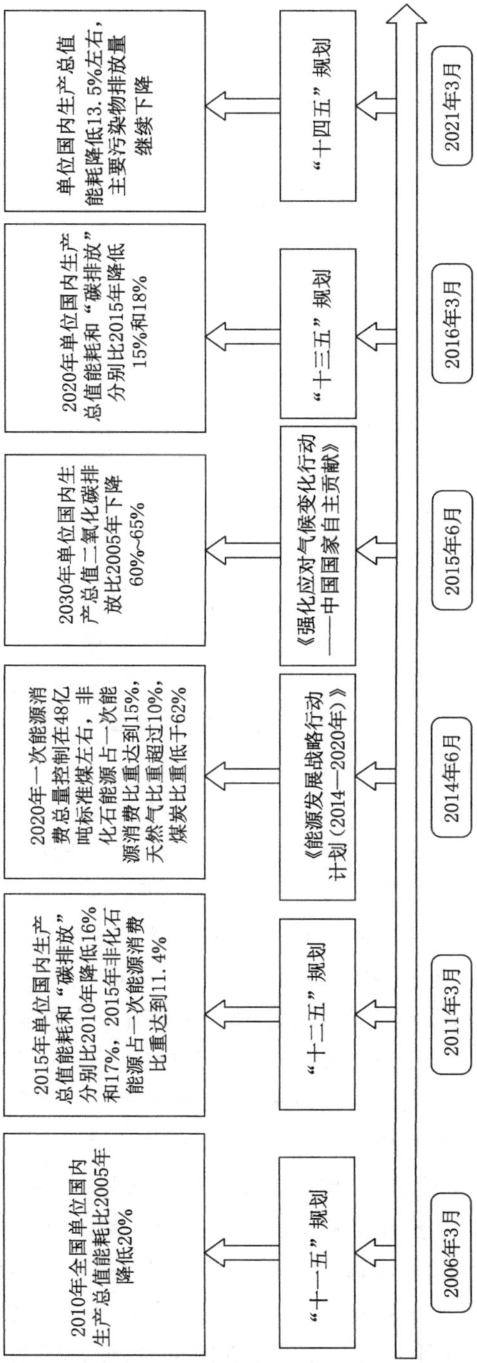

图2-3 我国的国内目标设定演变

法律体系，通过财政支持与技术进步，推动碳捕集与封存技术（CCS）商业化应用，并适时引入与“碳市场”法相衔接的碳捕集与封存技术（CCS）项目进行减排。余碧莹等（2021）自主构建了一个自下而上的中国气候变化综合评估模型——国家能源技术模型，提出各方主体合力推进“碳达峰”和“碳中和”目标的实现，鼓励企业推广先进适用技术，加快扩大 CCS、氢能等突破性技术的商业化应用。但是，现有的研究忽视了碳捕集、利用与封存（CCUS）商业化过程中能耗大、成本高等问题。要想实现碳捕集、利用与封存（CCUS）技术的全面应用，就要加强捕集、运输、利用、封存以及监测等多环节的多技术攻关，实现低成本、低能耗捕集和大规模封存及转化利用，发展“负碳排放”技术，形成完整的技术链和产业链。

③ 清洁能源的开发与利用。清洁能源的开发与利用是指利用太阳能、风能、水能和氢能等新型能源进行发电。根据中国气象局发布的评估成果，我国太阳能资源的理论储量为 19 000 亿千瓦，而在 70 米高度的风力发电技术则有 50 亿千瓦的发展潜力。我国水能资源可开发量 6.9 亿千瓦，80%待开发水电分布在西南地区。未来 40 年，新增清洁能源装机达 52 亿千瓦。目前我国工业过程碳排放 13 亿吨，如果以低碳原料替代高碳原料减少排放，那么预计 2060 年将降至 3 亿吨以下。我国拥有丰富的清洁能源，尽可能用非化石能源替代化石能源燃料，让化石能源回归原料属性，大幅提升非化石能源消费比重。增加清洁能源装机和发电量，让清洁能源成为主体能源（刘晓龙 等，2021）。邹才能等（2021b）认为“碳替代”将是“碳中和”的中坚力量，太阳能、风能、水能、核能、氢能等是新能源的主力军。其中，氢能由于发电量较大、成本较低而备受关注。刘玮等（2022）研究发现我国如果实现“双碳”目标，氢能的年需求量将提升 4 倍。俞和胜等（2023）提出燃氢发电技术，实现发电“零排放”。庄贵阳等（2021）认为要实现“双碳”目标，我国要高比例发展清洁能源，以能源“脱碳”推动经济社会的转型，可再生能源有较大的发展潜力。刘萍等（2021）认为要实现“双碳”目标，关键要实施和推广“零碳能源”技术，即大力发展可再生能源发电，比如利用风能发电、太阳能发电或者氢能发电等。氢能作为新型能源的理想选择，利用风、光和其他新能源电力来制取氢气，利用氢气和燃料电池联合产生电能，从而构成氢能产业生态圈，有利于确保我国能源安全，而且氢气发电可以生产出纯氧等具有直接经济效益的多种产品，实现二氧化碳排放量的大幅降低（李建林 等，2021）。李卫东等（2023）研究发现氨气与氢气相比，易储存并且安全性更好，可以成为氢能的替代能源，用于发电。

虽然清洁能源发电可以减少二氧化碳的排放，但是短期内我国依然会以火力发电为主。一方面，风能、太阳能和水能发电时间有时无法预测，储电成本太高，导致清洁能源发电无法替代火力发电。储电技术发展缓慢、储电成本过高，将会成为制约清洁能源发电的关键因素。另一方面，清洁能源的开发与利用在短期内无法满足我国能源需求，煤炭在一段时期内依然会成为我国的主要能源。“脱碳”和“去煤”不是对立的关系，煤炭行业要科学发展，积极落实减排责任和技术研发，兼顾节能减排与开源增汇的双重策略，确保煤炭行业在新形势下健康、平稳、绿色、有序发展，以满足我国能源的稳定供应和“双碳”目标的实现（陈浮 等，2021）。

(2) 电气化

电气化是指从消费侧出发，用清洁能源生产的电力满足交通、工业和建筑领域的能源需求。

① 交通领域。在交通领域，2020 年能源消费 4.9 亿吨煤，二氧化碳排放 9 亿吨，电气化率不足 4%。要加快发展电动汽车、电气化铁路、城市轨道交通、港口岸电、机场桥载电源，以实现我国的“双碳”目标。统计数据显示，我国交通领域电气化率还比较低，要实现“双碳”目标就要提高清洁能源生产的电力，以满足交通运输业的需求（王勇 等，2019）。但是，仅靠将运输工具需要的能源由石油更换成电力，不能完全解决减排的问题。只有我国的能源结构彻底改变以后，电力才能算得上是清洁能源，也才有可能实现“双碳”目标。如果能源结构不改变，运输工具依靠的电力依然是煤电，那么电力运输工具的盲目扩张仍然是在增加碳排放，而不是减少碳排放。因此，要想在交通领域实现真正的减排，必须优化我国的能源结构，利用清洁能源发电。贾利民等（2022）提出将清洁能源应用到城市轨道交通领域，建立绿色金融保障体系，真正实现交通运输业的减排。黄有方等（2023）提出减少交通运输领域的碳排放，优化物流行业，提出了建立绿色物流的路径和方法。

② 工业领域。工业是碳排放的重要领域，约占 70%。2020 年工业领域能源消费 21 亿吨煤，年碳排放 33 亿吨，电气化率 26%。加快推进工业电能替代，发展电炉炼钢，推广电锅炉、电窑炉、热泵等，是实现我国“双碳”目标的主要措施之一。费伟良等（2021）提出在工业园区实现二氧化碳的减排目标，要推动源头削减、生产全过程控制，提升资源、能源的利用率，推动能源转型，优化能源消耗方式，提升能源效率。刘自敏等（2022）提出要实现“双碳”目标，工业领域要采用清洁能源发电，如利用氢能、光伏发电等。毛涛（2022）提出要优化行政、市场和社会化管制，营造良好的制度环境，实现中国工业化低碳转型。

③ 建筑领域。建筑领域作为三大能源消费领域(工业、交通、建筑)之一,成为导致碳排放过量的直接与间接责任部门之一。在建筑领域,2020 年能源消费 7.5 亿吨标准煤,年碳排放 9 亿吨,电气化率 40%。张时聪等(2021)研究得出我国建筑业将在 2040 年左右实现“碳达峰”,建筑领域的电气化要通过光伏发电的方式才能实现真正的减排。仇保兴(2021)提出建筑领域的电气化要通过微电网技术,即将小区屋顶的太阳能、屋顶风能、电梯下降势能和城市生物质能发电进行一体化设计,实现二氧化碳减排的目的。我国建筑部门“碳中和”的四个主要任务:取消直接碳排放,帮助降低电力、热力利用带来的间接碳排放,降低建造与维修用材生产、运输带来的碳排放,以及避免建筑空调制冷系统在利用过程中产生非二氧化碳类温室气体等。应在上述四个方面推动革命性的变革,并采用关键的碳排放技术,以达到“碳中和”目的,促进我国建筑行业的技术进步与飞跃。刘晓华等(2023)提出建筑领域要想实现减排,需要全面电气化,提升建筑能源系统能效水平,在能源系统可调负载等方面做出变革,从单纯的能源系统的消费者转变为集能源生产、消费、调蓄于一体的复合体。

(3) 数字化

电力系统的形态正在发生重大变化,从以化石能源为主体转变为以新能源为主体,分散性、随机性、波动性显著增强(张贤 等,2021)。构建“广泛互联、智能互动、灵活柔性、安全可控、开放共享”的新型电力系统,必须依靠数字赋能从根本上改变能源配置方式。利用 5G、大数据、云计算、人工智能等现代信息技术,提升电力系统智能互动、灵活调节的水平,传统能源电力配置方式由部分感知、单向控制、计划为主转变为高度感知、双向互动、友好包容(胡志坚 等,2021)。大力发展数字基建,各行业实施数字化建设和改造,打通能源生产、输送、消费、交易等各个环节数据的流通渠道,充分挖掘各类能源资源,提高能源利用效率,实现多能互补、主动响应、协同高效(刘仁厚 等,2021)。中国能源网络以大规模开发、输送和利用清洁能源为基础,是以清洁为主、以电为核心、互联互通的新型能源体系,是能源转型升级、节能减排的重要载体,其实质是“智能电网+特高压电网+清洁能源”。其中,智能电网是基础,特高压电网是关键,清洁能源是根本(尹积军 等,2023)。高维龙等(2023)研究发现数字经济对节能减排的影响具有双重性,其在显著增加二氧化碳排放规模的同时也降低了二氧化碳排放的强度。

(4) 标准化

一方面,在碳排放检测、计算、核算、认证等关键领域或薄弱环节,加快低碳技术的发展,加快我国碳减排标准体系的建设,构建符合国际惯例的碳减排体制。另一方面,要加强国际标准合作,深化新能源、电工装备、节能环保等国际标准的研究和制定,建立标准+检验服务体系,建立一体化的标准化服务平台(何继江 等,2021)。

2.1.4 研究总结

根据以上研究,我们可以看到,低碳发展在我国未来相当长的时间内都是一个发展趋势,作为微观主体需要在这个大背景下争取得到生存与发展的机会。

(1) 企业需要适应低碳发展的外部环境

"碳达峰""碳中和"目标代表着深刻的绿色工业革命,具有鲜明的时代特征。无论国家低碳发展战略在短期还是长期内使企业产生额外成本,企业需要做的都是适应这个外部环境。因为这个发展战略是未来发展的趋势,在相当长的时间内是无法逆转的。企业需要考虑在这个大环境下如何实现生存与发展,在外部环境变化的背景下考虑如何实现企业价值最大化。

(2) 企业需要在"双碳"背景下寻求价值创造的新模式

在充分适应低碳发展战略环境之后,企业还需要考虑如何顺应"双碳"目标的实现路径去寻求企业价值最大化的实现路径。与传统的企业价值创造不同,低碳经济时代会衍生新的价值创造路径。企业在短期内需要根据自身的资源与能力,寻求企业价值创造的路径;而从长期看,企业需要进行低碳运营转型,探索低碳经济时代企业价值创造的全新路径。

2.2 关于企业价值理论驱动因素与实证影响因素的研究文献

2.2.1 企业价值创造理论

关于企业价值创造问题,学者从 17 世纪就已经开始了探索,并从不同研究视角诞生了很多理论学说。

(1) 基于经济发展阶段的理论学说

在以劳动价值论为主的农业经济时代,劳动被视为企业价值的源泉(严冬,2021)。按照劳动价值论的观点,价值是由劳动产生的,而资本、土地并不参与价值的创造。商品的价值是人的抽象劳动,它凝结在货物里,因而劳动是价值的唯一来源。劳动价值论认为原材料、机器等生产要素是不会产生价值的,只有劳动才会产生价值。这些价值待到销售完成后,就会转变为利润和税金,也就给企业创造了价值。

在工业经济时期,人们的研究主要集中在效用价值论和要素价值论上。效用价值论是一种经济学学说,它是指商品满足人们的愿望,或者是人们对商品的效用进行主观的心理评估来说明价值产生的过程。根据早期效用价值论的观点,物的价值源于其效用,无用之物就没有价值,物的效用就在于满足需要,所有能够满足人与生俱来的身心欲望的物就会变成有用之物,变得有价值。这里的效用是物品的总效用,后续逐步发展成了边际效用价值论。该理论认为,商品价值仅仅代表了商品的效用而不是其某种固有的属性,价值依赖于人们的愿望和人们对物的评价。人们的愿望和评价会随着物的多少而改变,并且表现为满足与未满足愿望的边际。无论是效用价值论还是边际效用价值论,都认为客户需求是企业价值的来源。因此,关注客户需求并给客户提供更多的效用,是企业价值创造的主要来源。要素价值论认为包括劳动、资本、土地在内的三要素(或工资、利润、地租等)共同决定价值。要素价值论的观点是生产要素为企业创造了价值,而生产要素所能提供的价值形式和数量也不尽相同。各要素在不同历史时期的地位和功能是不同的,劳动、资本、土地、管理、知识、信息、技术曾经是或者将要成为最主要的生产因素。

在知识经济时代,主要的代表性理论是知识价值论。知识价值论认为,在传统经济中是劳动创造价值,而在知识经济中是科学劳动、创造性劳动创造价值(邓奇志,2003)。知识经济时代,脑力劳动不再作为体力劳动的附属物,它有自己独立的表现形式。脑力劳动可以生产、利用、积累并发展已有的知识,创造出新的知识。该理论认为,物化智力和知识产品自身都不创造价值,而是由脑力劳动把它们转移到新商品上去的。知识经济条件下的脑力劳动形成的知识价值主要取决于劳动力再生产过程中必须支付和补偿的生活资料和生产资料的费用、劳动过程中新创造的价值(陈林,2002;杨嵘均,2022)。

(2) 基于生产经营过程的理论学说

基于生产经营过程的理论学说主要是从企业生产经营全过程对价值创造学说进行归纳,把企业看成一个将投入转化成产出、再把产出提供给顾客的经营整体(孙艳霞,2012)。具体包括生产要素、生产流程、顾客与财务四个方面的企业价值创造理论总结。

基于生产要素视角的企业价值创造理论是从企业生产的起点进行构建的理论,即从投入视角构建各种生产要素的价值创造理论,包括劳动价值论、要素价值论与知识价值论。

基于流程视角的企业价值创造理论主要研究了在投入大量的生产要素之后,如何为企业的经营带来价值。这一理论主要通过价值链、虚拟价值链、价值网络等来实现对客户的价值。通过使用线性技术,价值链把投入转换成输出,并把它看作一系列连续的活动所产生的;虚拟价值链是互联网时代的产物,其核心是对信息的增值进行研究;价值网探讨了利用媒体技术将价值创造的主体联系在一起,从而实现网络的价值创造(孙艳霞,2012);基于流程视角的企业价值创造理论从投入产出的效率入手,在给客户提供更多价值的同时,有效地控制资源耗费,从而获得更多的企业价值增值。

基于顾客视角的企业价值创造理论认为顾客是企业生存的原因,只有面向顾客,向顾客提供具有价值的产品与服务,促使顾客购买,企业才能够实现自身价值(邓慧兰 等,2022)。顾客是企业最主要的价值源泉,而创造顾客价值则是实现企业价值的主要方式(孙艳霞,2012)。顾客价值研究可分为两种类型:一种是企业向客户提供的价值,即客户作为价值感受的主体,客户对企业所提供的产品与服务进行评估,如客户感知价值、客户让渡价值、客户体验价值等。另一种是客户为公司创造的价值,即公司是价值感受的主体,公司通过给客户提供产品与服务来实现自身价值的增长,如客户生涯价值、客户份额、客户资产等。基于顾客视角的企业价值创造理论是从生产经营的最终端进行价值创造研究的,在传统生产模式下,顾客价值是企业价值创造的主要源泉。

基于财务视角的企业价值创造理论认为,企业的价值创造是指由产品凝聚的生产力资源构成的社会所能接受的程度和所产生的影响。基于财务视角研究企业价值主要是从融资方面展开的,确切地说,是资本结构对企业价值的影响理论。在这方面形成了一系列著名的资本结构理论,包括净收益理论、净营业收益理论、MM 理论、代理理论和等级筹资理论等。

2.2.2 企业价值评估方法

公司价值评估模型是一种能够判断和估计企业整体经济价值的模型,它能将预测的经济数据转化为企业目前的价值,具体包括四种类型的企业价值评估方法。

(1) 现金流量折现模型

这是根据项目现金流量折现值原理对企业未来现金流量进行折现的一种价值评估方法。公司的价值由自由现金流量(包括股权自由现金流量、债权现金流量与优先股权现金流量)与预期回报率这两个因素决定。该模型从财务视角对企业价值进行了剖析,突出了股东价值和资本市场对企业价值的影响(刘淑莲,2004)。

(2) 经济利润折现模型

根据经济利润折现模型对企业价值进行评价时,需考虑投资资本现值与预计经济利润现值的关系,其公式如下:企业价值=投资资本现值+预计经济利润现值。

经济利润折现模型强调企业价值和超资本成本报酬的相互关系。若年息前税后利润与债权人及股东必要报酬恰好相等,那么经济利润等于零,企业价值仅能与投资资本价值相等;只有企业年息前税后利润超过债权人及股东所需报酬后,其价值才会超过投资资本价值。

(3) 实物期权模型

把企业价值分为资产价值(含有形资产与无形资产)与期权价值,并分别加以评估。前一种方法可采用一般资产评估方法,后一种方法是用期权思想来确定企业所具有的投资机会及期权,然后再采用期权方法加以评估,两者之和就是企业价值。

(4) 卡普兰价值链模型

该模型主要基于平衡计分卡,强调企业核心价值和产品市场的作用,其基本模式为:企业价值=产品/服务+形象/声誉+客户关系。该种模式是财务维度下层驱动模式的价值表现,最终还是要集中表现在财务上,但强调了产品、客户与企业形象在企业中的重要作用。基于第二种模式,有研究从利益相关者的视角进行了一定的拓展,认为企业价值等式为:企业价值=企业本位价值+顾客价值+社会价值。其中,企业本位价值对应的利益相关者为股东、经营者,顾客价值对应的是顾客,社会价值对应的是员工、关联企业与社会利益相关者。

2.2.3 企业价值的经验影响因素

已有文献认为财务因素与非财务因素会显著影响企业价值。

(1) 资本结构

负债能约束经理人按股东利益办事(Jain,2006),合理的资本结构则能限制管理者对个人利益的追逐(Hart et al.,1998)。Mcconnell 等(1995)发现债务具有两面性,对于"高增长"企业,公司价值与杠杆率呈负相关关系,而对于"低增长"企业,公司价值与杠杆率呈正相关关系。姜付秀等(2011)研究发现,负债治理能显著地提高企业价值。阮素梅等(2015)研究发现,公司资本结构对公司财务及上市公司价值创造能力存在正向且显著的影响。Alonso 等(2005)发现企业价值和杠杆之间存在负相关关系。潘扬等(2023)研究发现,合理的资本结构可以提升企业价值。

(2) 股权结构

白重恩等(2005)发现,上市公司的公司治理结构与公司市值之间存在密切的联系,而公司的第一大股东与公司价值之间存在着 U 形的联系。刘星等(2007)从监管与合意两方面对公司价值进行了实证研究,发现股权集中度、股权制衡度与公司价值呈正相关关系。徐向艺等(2008)分别从公司的第一大股东和大股东的属性进行了分类描述,并进行了回归分析,得出了在公司的第一大股东为国有股东的情况下,公司价值被低估了 4.81%,而在第一大股东为普通公司时,则被高估了 1.30%。温军等(2021)研究发现,改善股权结构可以提高上市公司的短期绩效和长期价值。

(3) 公司并购

张新(2003)发现,并购对目标公司的价值产生了巨大的影响,目标公司的股价溢价高达 2 905%。唐清泉等(2018)发现,企业间的关联交易对企业价值有明显的负作用,而企业的会计稳健行为则明显减弱了企业的价值。还有学者提出,关联企业间的兼并与重组可以减少交易费用,提高企业的价值(李善民 等,2013;巫岑 等,2016)。杜剑等(2018)研究发现,企业并购可以减少恶性竞争,提升企业价值。

(4) 关联交易

关联交易可以被用来规避税收,也可以用来“掏空”和进行盈余管理。从“效率促进”与“掏空”两个不同的视角出发,郑国坚(2009)发现关联交易对公司价值的影响呈 N 形关系,且多数区间关联交易呈现出“效率促进”效应,促进公司价值的增加。黄蓉等(2013)发现,随着母子公司税率的不同,关联交易的规模也随之增大,而以避税为目的的关联交易也会提高公司的价值。魏志华等(2017)的研究表明,尽管关联交易应用于真实活动盈余管理中,但是关联交易还兼具避税、建设内部资本市场、缓解融资约束和获得大股东“支持”等功能,使公司的价值得到了明显的提高。黄浩等(2021)研究发现,关联交易可以显著提高企业的价值,关联交易降低了交易风险和成本,更能促进企业价值的提升。刘建民等(2007)研究表明,在大股东通过关联交易将利润转移给上市公司时,关联交易能够提升公司的价值,但关联交易成为大股东的“掏空”工具时会使公司价值下降。Zhu 等(2012)在研究中发现关联交易对于公司价值有显著不利影响，但是在股权分置改革之后这一不利影响被削弱。Kang 等(2014)用韩国的数据进行研究，结果显示当代理问题严重时，关联交易会发生，从而破坏企业价值。Utama 等(2014)发现当交易涉及关联方贷款时，关联交易规模对公司价值有正向影响，而当交易涉及关联方资产配售时，关联交易规模对公司价值没有影响。

(5) 信息披露

从根本上说，资本市场是一个资讯市场，资讯是影响公司股价或市值的重要因素，而股票价格则是市场参与者对资讯的反映(陆蓉 等，2004)。上市公司的信息披露是最重要的信息披露方式，越是不完善的公司，其市值与其内在价值的偏差就越大(徐寿福 等，2015)。李英利等(2019)发现，在公司生命周期的各个时期，会计信息透明度对公司价值的影响各不相同，成长期和成熟期对公司价值具有重要影响。在经济萧条时期，上市公司的财务信息披露对公司价值有显著的负面影响。公司的社会责任信息披露是一种影响各利益相关者的行为。万寿义等(2013)发现，安全生产支出、销售费用支出率、纳税贡献率等对企业的价值具有积极的影响，而企业的价值则随着企业的发展而提高。若公司本期投入太多的环保开支，且不清楚地披露其开支流向，将使投资者认为公司存在环境违法行为，并受到惩罚，进而损害公司的利益。李慧云等(2016)发现，我国上市公司的公司价值与公司的碳信息披露水平呈 U 形关系，而媒介关注对公司的价值具有显著的中介效应，因此，碳信息披露可以通过媒体关注对企业价值产生影响。杜湘红等(2016)发现，在其他因素的控制下，公司的碳信息披露与公司价值存在显著的正向关系，而这一效应的传导则以投资者的决策为中介变量。Irawan 等(2021)对印度尼西亚股票交易所上市的所有制造公司进行了针对性的取样，并对其进行了实证分析。企业通过主动减排二氧化碳达到“双碳”的目的，被视为承担社会责任和提高公司价值的一种体现。

(6) 公司治理

Johnson 等(1996)提出，董事会的作用是监督代理人、寻找资源和制定策略。潘福祥(2004)认为，公司治理结构对公司价值的影响是非常明显的，而且随着公司改革的深入，上市公司的管理水平也在逐渐提高。白重恩等(2005)还发现，在管理良好的企业中，投资人愿意支付大量的额外费用。刘银国等(2011)的研究结果显示，公司治理程度越高，公司的价值也就越高。李欢等(2014)研究发现，“去家族化”程度越高的家族企业，其价值越高、营运表现越佳。郑杲娉等(2014)发现，具有兼任高级管理人员的公司，其公司价值明显低于其他公司。阮素梅等(2015)发现,公司的董事会特性对公司的股权结构和公司的价值创造能力有一定的影响,但是没有直接的影响。

(7) 政治关联

Fisman(2001)研究表明,一家政治关系良好的公司的价值很大一部分源于政治关系。Faccio(2006)研究发现,当公司的董事或大股东宣布从政后,公司价值显著增加。吴文锋等(2008)也发现,拥有政府背景的高管总体上并不会对公司的价值产生影响,但是区分了不同政府背景之后,高管的地方政府背景对公司价值的正向作用要明显大于中央政府的背景,而如果考虑到政府的介入程度,则认为在政府介入程度较高的地区,高管在当地政府的工作背景会使企业的价值更高。田利辉等(2013)认为,政治关联有助于提高我国上市公司的长期绩效,进一步研究发现,政治关联的长期正回报主要源于民营企业。郑建明等(2014)认为,相对于国有企业,非国有企业拥有的政治关联更容易促进企业实施多元化行为,而且在企业积极运用政治联系实现多元化以打破进入壁垒时,政治关联对多元化公司的价值有显著的促进作用。邓晓飞等(2016)研究发现,政治关联的丧失对非国有企业的股价造成了显著的负面冲击,而且这种负面冲击在治理环境越差的地区表现得越强烈。宋加山等(2020)研究发现,政治关联可以提升民营企业的价值。

(8) 国际化程度

Errunza 等(1981)发现,越是国际化的公司,其市值就越高。Kim 等(1986)发现,随着国际化的发展,企业的市值也在增长。Zhou 等(2007)通过对“自然全球化”公司进行实证分析,发现国际化水平对公司经营业绩有明显的积极影响。邓新明等(2014)以国内私营公司的政治关系为基础,探讨了其在国际市场中的推动效应。侯治平等(2020)研究发现,国际化程度与企业价值呈现 U 形关系。

2.2.4 关于企业价值创造驱动因素的研究文献

财务与非财务因素共同驱动了企业价值的创造,传统的企业价值创造理论将财务表现视为企业价值创造最重要的源泉,当然也涉及了部分的非财务因素的影响,如品牌与客户等(刘淑莲,2004)。

(1) 财务因素

创造价值最终意味着提高公司的市场价值(余玉苗 等,2001)。Nantell 等(1991)构建了以价值评估为基础的价值管理系统,提出了实现股东利益最大化的途径与方式,指出了公司价值产生的基本动力在于投资资本回报率与预期增长率。刘淑莲(2004)认为,推动企业价值增值的原点在于企业的经营活动与投资活动,正是经营活动与投资活动才会产生价值。价值评估则主要将这一价值的衡量结果呈现给市场或者投资者,只有经营活动与投资活动中产生的价值超过资本成本,才会给投资者带来增量价值。研究发现,企业价值增值主要有六个动机,分别是增加销售增长率、增加经营利润、减少有效税率、减少投资支出与销售收入比率、减少资本成本、增加获得超额收益时期。企业的消费者投入会影响消费者的购买行为,吸引消费者接受更高的产品溢价,降低消费者在产品危机面前对企业的犯罪归因等,所有这些效应都会通过提高产品的销量或售价来对财务业绩产生正面的作用,从而提升企业价值。

(2) 非财务因素

茅宁(2001)的实证分析显示,企业的生存与发展日益依赖于组织的重组与持续的创新,以无形资产替代有形资产,而创新活动则以无形资产的形式进行,两者都需要依靠人力资本,这使得无形资产在企业中的作用日益凸显。蒋琰等(2008)研究发现,智力资本对于企业价值创造具有重要意义,企业要获得长期战略绩效,需要更关注智力资本的积累与培育。隋敏等(2013)提出,要把社会资本引入公司的战略层次,推动物质资本、人力资本、社会资本三者之间的积极互动,在社会资本产生和发展的基础上建立起一种新的价值创造模型,从而实现企业价值最大化的目标。杨寅等(2020)建立了一个基于金融共享的金融服务模式的价值生成机制模型,探讨了不同力量之间的相互作用对企业价值创造的影响。

2.2.5 研究总结

已有研究对企业价值创造理论与企业价值评估模型进行了深入的研究,但结合“双碳”目标背景的研究则不多。

(1) 没有充分考虑低碳经济的特征

低碳经济时代的企业生产经营表现出不一样的特征,如能源与原材料的使用、产品生产流程与销售等,这些活动变化对企业价值创造都会产生深远的影响。如果仍旧使用传统的企业价值创造的理论框架来分析低碳经济时代的企业价值创造,可能无法有效解释企业价值创造行为。因此,需要在已有的理论框架下,充分考虑低碳经济的特征,构建“双碳”目标下的企业价值创造理论框架。

(2) 关注以财务业绩为核心的企业价值创造

已有研究对企业价值创造的理论构建基本上是以财务业绩为核心展开

的，特别是资本结构理论、自由现金流量模型都是财务层面的研究。实际上，在低碳经济背景下，财务是运营最终端的体现，而创造价值的环节已经前移，因此，需要全面研究价值创造的环节。

(3) 未对企业价值创造进行分层研究

已有研究都是将企业价值作为一个整体进行衡量，即使有分部分衡量的研究，也只是对股权价值与债务价值进行分开衡量，本质上还是以整体为主。在低碳经济时代，随着利益相关者呈现分层化趋势，企业价值创造也同样具有这样的分层趋势。因此，需要对企业价值的衡量与价值创造的路径进行分层研究。

2.3 政府环境规制与企业价值的研究

作为企业被动接受的外部环境规制力量，政府环境规制政策通过影响企业创新，进而对企业价值产生影响。但在已有文献中并没有得到一致性研究结论，具体有正向关系、负向关系、没有关系以及U形关系的结论。

(1) 正向关系

波特假说认为，恰当的环境规制能促进企业开展更多的创新活动并提高其生产力以抵消环境保护所造成的代价，增强市场利润；环境保护政策对经济影响的最主要的方式是鼓励公司进行技术革新，或者采取创新技术，尽管短期内会提高成本，但是从长期来看能够促进企业生产效率的提高，增强企业竞争力和推动企业价值的提升。Jaffe等(1997)选择德国、美国和日本为研究对象，发现环境规制与技术创新呈正向关系，即环境规制有利于技术创新和发展，从而提升企业价值。Hamamoto(2006)选择日本的制造业企业进行研究，认为环境规制政策力度越强，企业的治理污染费用和技术研发支出就越多，从而有利于全要素生产率的提高，从而提升企业价值。Cecere等(2016)以欧盟为例，基于动态视角剖析环境规制在技术创新中的作用，并进一步证实技术创新可以提升企业价值。Karanfil(2010)选取了澳大利亚石油和天然气这一污染比较严重的行业作为研究对象，结果显示环境规制越严的公司，技术创新意愿表现得更强、更明显，更加容易促进企业价值的提高。Song等(2019)基于2009—2016年中国30个省市的面板数据，研究发现正式的环境规制有效地促进了企业的技术创新，从而提升企业价值。许庆瑞等(1995)通过对江浙50余家企业的创新情况进行调研，发现企业末端治理创新动力主要源于政府法令强制。Stucki等(2018)发现政府补贴、(部分)自愿协议与绿色产品创新呈正相关关系。李强等(2009)选取了1999—2007年中国省级面板数据,实证检验了环境规制和技术创新之间的关系。研究发现,环境管制对核心创新指数有明显的正向作用,环境管制强度每提高1%,则会增加0.17%的发明专利数量和0.07%的实用新型专利数量,企业创新又可以提高企业价值。邓玉萍等(2021)研究发现,“节能低碳”政策对创新的补偿作用要比对成本的影响大得多,这在环境规制视角下说明了企业绿色创新能力增强的现实和机理,而绿色创新能力又可以提升企业价值。

(2) 负向关系

古典经济学理论认为,环境规制政策的出台和落实会迫使企业把本应投入扩大再生产的资金转而投入环境污染的治理,增加环保治理成本,减少再生产的投入,从而削减企业利润,降低收益,影响企业价值。Jaffe(1995)通过对美国制造业的研究,发现规制政策的实施会增加企业的污染防控和治理成本,不利于企业创造力和竞争力的提升,从而影响企业价值。Slater等(2000)通过研究发现,环境规制对企业技术创新不利,即环境规制力度越强,创新效应越不能弥补规制成本,从而降低企业价值。Wagner(2007)以德国的制造业为研究对象,选取专利数来衡量企业的创新程度,结果发现环境规制的实施程度与专利数呈负相关关系,进一步研究发现与企业价值也呈负相关关系。Kneller等(2012)发现,环境规制能刺激个体的创新,但对总体研发和创新并不会产生积极影响,与企业价值呈负相关关系。赵细康(2003)认为环境规制是外部成本的内部化,对于企业而言,增加的环保成本最终附加到产品的价格上由消费者承担,导致消费者的购买欲望下降,进而对企业的创新能力和市场竞争能力造成不利影响,影响企业价值。齐绍洲等(2018)认为严格的环境规制不利于制造业国际竞争力的提升,技术创新效应还未超越成本遵循效应,这种负向影响在发展中国家和贸易开放度较高的国家更为显著。

(3) 没关系和U形关系

Hossain(2011)研究美国1983—1992年的数据,利用污染管制费用来衡量公司对环境管制的影响,发现环境规制与企业价值没有关系。张跃胜等(2022)选取了中国2006—2017年30个省市进行实证分析,发现环境调控对企业价值呈现出明显的U形非线性效应,且呈现出先促后抑的U形趋势。李新安(2021)通过对2004—2018年省级面板数据的分析,得出了以“绿色发展”为基础的政府环保调控政策将对“绿色技术”产生U形区域效应,也就是说,各省的“绿色创新”水平随着地方政府调控力度的增加而增加,而在U形区域内会出现U形效应,从而影响企业价值。

（4）研究总结

关于政府环境规制与企业创新、企业价值等因素的关系研究，其前提是基于政府的视角，环境规制程度是可以选择的。即如果对企业创新有帮助，对提升企业价值有帮助，那么应该加强政府环境规制力度，否则应该采用较为宽松的环境规制政策。但已有文献却忽略了，如果从企业视角来看，政府环境规制力度是既定的且难以规避的，那么企业应该如何应对这样的环境规制政策？实际上，基于我国“双碳”目标的背景，低碳发展的强制性是企业无法避免的外部环境。那么，研究企业应如何在这样的规制环境中生存、发展并获得较好的企业价值创造就具有研究价值。

2.4 利益相关者治理相关研究文献

（1）利益相关者定义

早期的利益相关者被界定为：对于企业而言，存在着这些利益集团，企业离不开它们的支持。该定义是以特定群体对公司的生存产生重大影响为基础的。利益相关者在以后的定义中是指能对企业目标达成产生影响或能受到企业达成目标进程影响的所有个人或团体。这一界定不仅把对企业目标产生影响的个体与团体也作为利益相关者来考虑，而且把受到企业目标达成过程中有行为影响的个体与人群作为利益相关者来对待，从而在形式上把地方社区、政府部门、环境保护主义者以及其他实体都纳入利益相关者治理这一研究范围，极大地拓展了利益相关者这一含义。Mitchell 等（1997）提出，只要满足三种特征中的一个或更多，就可以被定义为利益相关者。这三种特征分别为：① 合法性，指一个团体在法律和道德上有没有对企业的索取权；② 权力性，指某个团体是否具有对企业决策施加影响的身份、能力及相应手段；③ 紧急性，指某个团体的诉求是否会立刻被公司管理人员所重视。根据这一标准，公司利益相关者主要有股东、公司员工、债权人、供应商和零售商、消费者和竞争者、中央政府和地方政府以及社会活动团体和媒体等（齐宝鑫 等，2018）。

（2）利益相关者参与治理

在企业的财务管理目标上，从利益最大化、股东财富的最大化到公司价值的最大化，都反映了人们对企业财务管理目标的理解。公司价值最大化的目的，克服了以股东财富为中心这一理念的不足，并汲取了其理念的优点，是对现代企业财务管理目标在深层次理解上的进一步延伸，从而成为实现现代财务管理目标最理想的途径。企业价值最大化要真正得以实现，必须妥善处理好各方面的利益关系,确保以企业长期平稳发展为前提。既要兼顾股东利益,实现股东财富最大化,又要兼顾利益相关者的利益,从而实现股东的最大利益(陆庆平,2006)。公司价值最大化的目的在于实现公司的利益最大化,同时也需要利益相关者的参与,员工、顾客、供应商、股东、社区和公司的代表都应当直接参加公司的管理,并且推荐更多的股东代表参加公司的董事会。但是,让所有的利益相关者都参与到治理中来也是不切实际的。公司治理中的主要利益相关者应当参与,因为谁能为公司的生存和发展提供关键的资源,谁就能拥有公司的控制权(李维安 等,2007)。因此,企业的大股东应该参与到公司的控制权分配中来(王辉,2005)。

利益相关者共同治理观和关键利益相关者治理观,均强调企业利益相关者有必要参与企业治理和剩余利益分配。而企业价值最大化也强调,企业利益相关者总体价值最大化,但并未从价值创造的角度研究如何从利益相关主体方面获取价值(李粮,2023)。实际上,从对等的关系上看,以利益相关者的价值为导向进行价值创造活动,能够较为彻底地实现企业价值最大化目标。在"双碳"背景下,利益相关者将依据企业碳排放预算及碳指标做出相应行为,进而对其生产经营活动产生影响。同时,关键利益相关者也是动态变化的,随着企业外部环境的变化,关键利益相关者的主体也会发生相应的变化。因此,研究利益相关者价值最大化也需要关注外部环境的变化情况。

(3) 利益相关者分层研究

已有研究发现,必须进行利益相关者的分层研究。单纯地把所有的利益相关者都当成一个整体加以实证研究和应用推广很少能得到有说服力的结论(陈宏辉 等,2004)。已有研究对企业利益相关者进行了很多种分类。

第一种是将各利益相关者分为直接和间接的利害关系者,其中直接利害关系者是与企业直接进行交易的利害关系方,主要包括股东、雇员、债权人、供应商等;间接利害关系人是指与公司建立非市场关系的利害关系人,主要包括中央政府、地方政府、社会活动团体、媒体、大众等(Frederick et al.,1988)。第二种是按照相关群体和公司是否存在契约关系来划分利益相关方:契约型和公共型。第三种是根据合法性、权利性与紧迫性划分为三大类:① 确定型利益相关者,同时拥有合法性、权力性和紧迫性,是公司主要关心并紧密相连的目标,主要包括股东、员工和客户;② 预期型利益相关者,有些既具有合法性又具有权利性,如投资者、员工和政府部门,有些既具有合法性又具有紧急性,如媒体和社会组织;③ 潜在型利益相关者,仅具有三种性质之一(Mitchell et al.,1997)。陈宏辉等(2004)以相同的方式从利益相关者的主动性、重要性与紧急性三方面将利益相关者划分为三大类：核心利益相关者(含股东、管理人员与员工)、蛰伏利益相关者(含供应商、消费者、债权人、分销商与政府)、边缘利益相关者(含特殊利益团体与社区)。利益相关者分层治理模型最早由Post等(2002)提出，将利益相关者的层级管理模式划分为三个层面，即社会政治层面的利益相关者、市场层面的利益相关者和公司层面的利益相关者。社会政治层面的利益相关者被界定为“权益监管者”和“权益守护者”，即政府、消费者协会、非政府组织、环境保护团体、特殊利益群体等；市场层面的利益相关者是介于企业与社会政治层面的中间层次利益相关者，由消费者、供应商、竞争者、潜在新进入者等构成；企业层面的利益相关者由所有者、管理层和雇员组成。

(4) 研究总结

已有研究对利益相关者的定义、分类与参与企业治理都进行了深入的研究，利益相关者参与企业治理是未来发展的趋势。但利益相关者参与企业治理会对企业价值或者企业价值创造产生怎样的影响在已有研究中还没有涉及。这需要将利益相关者的分层治理与企业价值分层对应起来进行研究。

2.5 关于企业社会责任承担与企业价值关系的研究文献

企业社会责任是指在一系列制度安排(包括正式和非正式)的基础上，企业对债权人、政府、供应商、客户、雇员、社区、环境负有法律或道义的义务(张兆国 等，2012)。公司社会责任一般由六个方面组成：环境(控制污染、改善产品、处理环境、回收利用)、平等机会(种族、妇女、弱势群体、地区平等)、员工(安全和健康、培训、咨询)、社会(公益活动、卫生、教育和文化)、产品(安全、质量)、其他(股东、信息公开等)。

企业社会责任观同利益相关者理论之间存在着十分密切的关系，利益相关者理论认为企业发展前景的好坏取决于管理层是否能够满足公众变化了的预期，即取决于企业管理层应对利益相关者利益诉求的好坏。企业对社会承担着经济责任、法律责任、道德责任以及慈善责任等诸多社会责任(Donaldson et al.，1995)。近代企业社会责任观主要有三种代表观点。第一种是“受托人观”，认为管理者作为受托人，企业给予其相应的权力与地位，其行为既要满足股东的利益，也要满足顾客、员工和社会的需求，企业应该积极履行社会责任。在不同类型的利益相关者中，该观点被大多数学者所接受并得到普遍认可。

第二种为“利益平衡观”，管理者有责任在与公司相关的团体中寻求平衡。第三种是“服务观”，即企业为了社会的利益有责任承接社会项目以惠及或者服务大众，管理者个人通过对企业的成功经营还能减轻社会不公、贫困和疾病等问题，进而对社会有所贡献。

关于公司社会责任和公司价值的关系，历来有两种不同的看法。一种看法认为，企业的社会责任对公司的价值有一定的影响；另外一种看法认为，公司的社会责任可以增加公司的价值。在实证研究中，企业社会责任与企业价值之间的关系具有负相关、正相关、不相关和关系不确定四种不同的研究结论。

（1）负相关

Brammer 等（2006）研究考察了英国企业社会绩效与股票收益之间的关系，发现综合社会绩效指标的得分与股票回报呈负相关关系。Manchiraju 等（2017）对印度的企业进行研究发现，企业会自愿选择履行社会责任来实现股东价值最大化。但是，迫使一个公司在社会责任方面支出可能是次优的，这将给股东带来不利的影响。公司在履行其社会责任时，如希望由碳资讯披露来提升公司的信誉与公众形象，从而提升公司的价值，但同时也会增加公司的环保管理费用，从而降低公司的价值。

（2）正相关

就企业社会责任价值或其作用机理而言，企业履行社会责任给各个利益相关者甚至全社会带来价值的同时，也在给自己带来价值。Russo（1997）认为，企业越是执行严格的环境保护措施，其社会形象就越好，就形成了核心竞争优势，进而企业价值得到提升。Hart 等（1998）的一项调查显示，一个公司只有在不忘记保护环境和帮助社会解决问题的情况下，才能为公司带来更大的利益。Ghoul 等（2011）通过调查美国公司，发现公司的社会责任得分越高，其价值就越高，风险也就越小。Flammer（2015）还发现，公司的社会责任建议可以产生正面的宣告收益和出色的财务表现，也就是说，社会责任建议可以提高公司的价值。Bose 等（2020）研究了 2007—2014 年孟加拉国银行企业社会责任支出的价值相关性，发现企业社会责任支出与企业市场价值之间存在正相关关系。Lu 等（2021）利用 2002—2011 年美国公司的面板数据研究发现，当一家公司面临高财务和环境风险或具有高收益稳定性时，企业社会责任有利于公司价值提升。娄桂莲等（2016）也发现，高品质的企业社会责任可以使公司的价值得到明显的提升，并且在创新、协调、开放性、共享性等方面都能促进公司的增值。

(3) 不相关与关系不确定

McWilliams等(2000)发现企业社会责任对财务绩效具有中性影响。陈玉清等(2005)以A股上市公司2003年报社会责任会计信息为研究对象,发现企业社会责任与公司价值相关性较弱。李正(2006)发现,就当期而言,企业的社会责任越重,其价值越低;但是,基于社会资本和关键利益相关者的观点来看,社会责任的履行不会使公司的价值下降。万寿义等(2013)选取了沪深300指数382家公司2008—2009年度的财务数据,发现安全生产支出、销售费用支出、纳税贡献率与公司价值呈显著正相关关系,环保支出、债务未偿付率与公司价值呈显著负相关关系,而其他评价指标代表的企业社会责任成本对公司价值的影响并不显著。张扬(2021)发现,在企业的社会责任指数小于3.43的临界值时,其社会责任对品牌价值有显著的推动作用,而超过此阈值,则会导致企业的品牌价值下降。刘冬荣等(2009)并未发现企业社会责任信息披露水平和企业价值之间存在显著的相关关系,但是规模越大的企业所承担的社会责任越大。

2.6　文献述评与进一步研究空间

2.6.1　已有研究文献述评

已有文献对"碳中和""碳达峰"、企业价值驱动因素、企业价值创造的驱动因素、政府环境规制与企业社会责任的价值效应都进行了深入的研究,在很多方面达成了研究共识。

(1) 对"碳中和""碳达峰"的目标与实现路径已经达成充分的共识

对于我国中长期的低碳发展目标,已有研究已经达成了充分的共识,因此,低碳发展是未来几十年不可逆转的发展趋势。为实现该目标,已有研究从排放路径、技术路径与社会路径等角度提供了解决方案(王灿 等,2020)。基于最为直接的排放路径,已有研究从来源上遏制、从去向上处理(碳捕捉、碳储藏)以及对新能源的有计划使用等方面进行了深入研究。这些研究多数是基于宏观政策方面的探索,没有深入企业微观层面。但实际执行这些宏观政策并按时实现这些既定目标的主体是工业企业。已有数据表明,火电、石油、天然气、水泥、钢铁等行业的碳排放量占比高达79%,因此,如果能够促进这些行业的企业进行主动减排,对实现我国碳排放既定目标具有决定性的意义。

(2) 在企业价值影响因素中多数考虑的是财务层面因素

已有文献对企业价值的支撑理论研究涉及劳动价值论、效用价值论、要素价值论以及知识价值论等理论,但实际研究中多数是基于最顶层财务因素对企业价值的影响研究。财务产出是企业价值的终极反映,很多研究是建立在未来现金流量确定的前提下,通过调整资本结构或者融资方式来获取企业价值最大化。企业价值的很多前提假设在实践中往往很难成立,因此需要基于价值创造的全面与全过程进行深入研究。一方面,需要全面计量与评估企业价值。部分研究已经涉及了非财务因素对企业价值的影响与驱动,如环境价值、社会责任价值等因素,这些研究成果对本书的研究具有很大的帮助。另一方面,需要基于全过程价值创造进行衡量。即分层次、分环节探索企业价值的主要来源,并在理论与实践方面研究实现企业价值创造的实现路径。因此,在"双碳"目标背景下,不仅要考虑环境、社会责任等因素,还需要将这些因素通过一个理论框架有效地串联起来,以期达成完善的理论指导体系。

(3)政府环境规制对企业创新与企业价值的影响方向不一致

现有环境规制研究文献均以企业作为被动接受外部政府环境规制的主体进行研究,而政府环境规制政策对于企业创新的影响方向不同且差异较大。产生结论分歧的原因在于忽视了企业在环境保护方面的主动行为,应综合考虑外部环境规制与企业主动环境改善行为的共同作用。在理论研究中,只关注其中一方会导致具有偏差的结论,需要充分考虑两个主体的共同作用。

(4)企业社会责任的主动履行与企业价值之间的关系并不确定

企业社会责任行为是一种主动性行为,现有研究在企业社会责任履行和企业价值关系问题上得出的结论尚不统一,其中可能的原因是对企业的长期价值与短期价值不加区分。如果对企业价值或者企业价值创造进行分层,通过增加社会责任各方价值来实现企业价值的创造,研究结论可能会趋于一致。另外,如果企业承担社会责任或者分担政府公共责任能够导致较高的企业价值,那么企业便有动力去承担这些社会责任。

2.6.2 进一步研究空间

在"双碳"目标背景下,在企业价值创造方面体现不一样的特征,对其进行理论框架构建与实现路径分析是未来研究的方向。

(1)企业主动进行低碳运营的动力研究

在我国"双碳"目标的大背景下,企业进行低碳运营是未来发展的大趋势,但在企业中存在主动与被动、高质量与低质量低碳运营的问题。如果在理论与实践上能让企业管理层感知到企业因为低碳运营而产生价值创造,那么企业进行主动的、高质量的低碳运营则可能成为现实。因此，研究企业低碳运营如何创造企业价值是下一步研究的主要方向。

(2)“双碳”目标背景下企业价值构成的分层研究

“双碳”目标对企业价值会产生根本性的影响，特别是对企业价值的构成影响较大。财务价值(账面价值)是企业低碳价值中最为基础的价值，但低碳经营还可以带来低碳资产溢价的价值(市场价值)，以及潜在增长期权的价值(社会价值)。在全面衡量企业低碳价值的基础上，应对其进行“账面价值-市场价值-社会价值”的分层研究。

(3)“双碳”目标背景下企业利益相关者的分层研究

在企业价值分层的基础上，研究不同层次价值创造所对应的主体，即这些不同层次的企业价值都是企业与哪些主体共同创造的。对企业低碳价值创造主体的研究有助于寻找到企业低碳价值创造的来源，为企业更好地进行低碳经营行为提供理论与实践上的指导。可以借助企业利益相关者的分层研究成果，研究确定对应企业价值分层的利益相关者主体。

(4)对应企业价值创造的分层构成与利益相关者主体构建相应的理论体系与实践指引

将利益相关者分层与企业价值分层对应起来，研究构建“目标-来源-主体-路径”的系统性企业低碳价值创造理论体系，并在此基础上构建具有可操作性的实践指引，方便指导企业更有效率地实施低碳经营行为与实现企业价值创造行为。

第3章 “双碳”背景下企业价值创造理论的构成框架研究

本部分在对传统企业价值创造理论回顾的基础上，重点研究“双碳”背景下企业价值创造的来源，并结合既有理论基础，研究“双碳”背景下企业价值创造理论的构成框架。

3.1 传统企业价值创造的理论与模式

企业价值理论与企业价值创造理论具有悠久的历史。为了突出对比效果，以低碳经济作为特征识别与划分标准，本书将企业价值创造理论划分为两个阶段：传统企业价值创造理论阶段与“双碳”背景下企业价值创造理论阶段。即低碳经济之前的企业价值创造理论统称为传统企业价值创造理论，而低碳经济背景下的企业价值创造理论称为“双碳”背景下企业价值创造理论。

3.1.1 基于劳动价值论的企业价值创造理论

（1）劳动价值论

威廉·配第在《赋税论》中第一次提出了“劳动为价值之源泉”这一根本论点。李嘉图又将劳动价值论的理论进行了深化，认为劳动是唯一的价值源泉，也就是一元劳动价值论。而马克思则将劳动价值论推向了一个新的高度并形成劳动创造价值这一科学思想。在第一次工业革命之后的一百多年中，劳动价值学说逐渐成为主流。马克思给价值下了这样一个定义：价值就是凝结于商品之中的无差别的人类劳动，也就是由抽象性劳动凝结而成的劳动。在马克思看来，社会必要劳动时间决定了商品的价值。而社会必要劳动时间是指在现有社会正常的生产条件下，按社会平均的劳动熟练程度和劳动强度，创造一定的使用价值所需的劳动时间。如果某企业生产效率比较高，那么就可以赚取更多的价值，主要表现为利润与税金。因此，马克思的劳动价值论认为只有劳动才能够创造价值，其他生产要素是无法创造价值的。资本家通过延长劳动者的劳动时间来获取剩余价值。马克思认为剩余价值就是剥削制度下受统治阶级剥削的劳动者产生的新价值——劳动所产生的价值与劳动报酬之差，也就是劳动者产生的为资产阶级无偿拥有的劳动报酬。

劳动价值论是一个具有鲜明时代特色的理论。当时的社会经济条件十分匮乏，以手工业为主，大规模的机械生产还没有普及，劳动和产品常常供不应求。在这一时代，企业主要利用劳动、资源与资本来生产产品，而且劳动一直是产品价值创造的主角并占主流，自然资源与资本只起到转移价值的作用。一方面，劳动力相对匮乏，成了稀缺资源，但自然资源比较丰富；另一方面，由于机械化、自动化水平不高，其产品的价值大部分来自劳动者的体力劳动。在社会产品的价值中，体力劳动是主要的生产因素。劳动时间、强度、技术水平是衡量商品价值的重要指标。与此同时，在企业所生产的各种投入要素中，劳动投入大而资本投入小，企业尚不具备以资本代替劳动的充分力量。因而，在这个阶段，大多数公司都是以劳动密集型为主，其劳动边际产量有逐渐增加之势。由于创造价值只能通过劳动来实现，所以公司要想获得利益，就要增加工人的劳动时间和劳动强度。工人工作越努力，他们的产品就会越有价值，公司就会得到更多的利益。

劳动价值论在相当长的时间内占据着传统价值理论的主流，即使在从劳动密集型生产转向资本密集型生产的过程中，基于劳动者和劳动时间的价值理论学说仍然能够有效解释企业价值创造的机理。劳动价值论的主要用途在于解释产品生产、销售、获取利润过程中的产品价值增值。由于当时没有发达的外部资本市场，同时市场供不应求，所以通过劳动以外的价值创造路径几乎没有。

（2）知识价值论

知识是一种脑力劳动，从各种因素的作用看，人类的生产可划分为农业经济、工业经济、知识经济三个阶段。在农业和工业经济时期，劳动价值论可以很好地说明价值的增长。在知识经济的背景下，劳动价值论必须将其与知识经济的特征相联系，以对价值的增长进行合理的阐释。知识经济指的是基于知识和信息的生产、分配和使用，具有以下特点。① 知识经济是一种促进人与自然和谐、持续发展的经济，其指导思想是：科学、合理、充分地利用现有资源与尚未开发的资源，以取代已经消耗殆尽的、稀缺的自然资源。② 知识经济是指以知识、智力和无形资产为主要资源的无形资本投资。③ 在全球经济一体化的大背景下，知识经济是一种新的经济形式。④ 知识经济是以知识决定为导向的一种经济形式。在知识经济时期，政府的宏观调控作用越来越大。在这种明显特征的驱使下，在知识经济的背景下，企业通过知识创造价值，已经形成了一个普遍的共识。但是，关于知识价值论究竟是属于劳动价值论还是要素价值论，尚有许多争论。本书认为，马克思对商品的使用价值的讨论，适用于知识产品的使用价值。物质性商品的使用价值强调物质性，而知识商品的使用价值也注重物质性(陈林，2002)。劳动可分为体力劳动和智力劳动，劳动价值论首先把注意力集中在劳动者的体力劳动上，而在知识经济时期，人们的注意力集中在智力劳动上，不同的是智力劳动的数量比人力劳动多，但二者的劳动性质是相同的。

3.1.2 基于要素价值理论的企业价值创造理论

生产要素是从事物质生产必须具备的全部因素和所处环境条件。一般来说，生产要素起码是由人、物组合构成的。要素价值论以土地、资本和劳动三大生产要素创造了价值为其根本观点。要素价值论是社会生产力发展到一定阶段的必然产物，也是现代经济学研究的理论依据之一。根据这一理论，物品的价值与使用价值都是多种生产要素综合作用的结果(宋爱忠，2019)。法国早期经济学家萨伊将资本与生产工具画上了等号，并指出劳动、资本和土地构成了所有社会生产中必不可少的三大因素。萨伊认为，生产并不制造物质产品而是制造效用(使用价值)，效用构成了商品价值之本，商品价值决定了其效用。同时，劳动、资本和土地既是生产产品的使用价值的一个因素，也是生产商品价值的一个因素。劳动、资本和土地这三大要素在产生效用的同时也提供生产性服务，从而创造和获得劳动报酬、利息和地租。这三项收入便构成了创造效用的生产费用，决定了商品的价值。在第二次世界大战之后，企业家才能和水平被纳入第四项要素，形成四要素论。

结合本书的研究主题，本书仍旧以传统三要素(劳动、土地、资本)为代表，研究基于要素价值论的企业价值创造理论。由于劳动价值论在前文已经进行深入论述，在这里重点阐述土地价值论与资本价值论。

(1) 土地价值论

对于土地是否具有价值的问题，人们存在着很大的分歧。一般说来，土地价值论具有三种代表性理论。

第一种是土地无价值论。这一理论主张不论何种土地均为自然物，自身没有价值。土地资本有价值，但它不是土地本身。马克思也认为，土地不是劳动生产物，因此没有价值（陈征，2005）。该理论是以是否投入劳动作为判断有无价值的标准，认为只要是没有投入劳动，土地就没有价值。

第二种是土地全价值论。土地全价值论认为，整个土地都是有价值的。土地价值是由土地资本价值与土地自然价值在内在耦合机制的运行中生成的。即使没有人类的劳动参与，尚未进入交易的天然土地都是有价值的。该理论有两种具有代表性的理论，分别为全覆盖论和替换论。所谓全覆盖论，是指从地球上出现人类起，人们便在很长一段时间内不断地改造和开发土地，甚至那些从来没有直接为人类劳动服务的土地，也会给人类带来价值。而替换论认为土地自然生产力是一种等量劳动的替代，土地自然价值和劳动所创造的价值没有本质差别，土地自然价值也是人类一定数量劳动的反映。

第三种是土地价值二元论。这一理论认为土地由没有价值的土地物质和有价值的土地资产共同构成。任何经过改良后的土地客观上均包含着土地物质与土地资本两大因素，即土地组成的“二元性”，前者没有价值，后者具有价值。

关于土地价值的争论主要集中在土地的价值问题上，但是最后却产生了一种妥协的二元论。其实，我们更关注的是土地能否为公司带来价值。土地作为企业重要的生产要素，自然是可以给企业带来价值的。

（2）资本价值论

在进入生产经济时代以后，企业的价值创造主要被资本要素所取代。这就是说，不仅劳动可以创造价值，资本也可以创造价值（李海舰 等，2004）。马克思把资本看作两种性质：一种是自然的，一种是社会的。资本是一种参与生产和创造财富的过程。劳动者用自己的劳动来交换生活资料，资本家用自己的资本来交换劳动，这就是劳动者的生产行为（也称为创造能力）。资本价值论由此得出结论：资本也能产生价值（周丹，2021）。

3.1.3 基于效用价值理论的企业价值创造理论

效用价值理论是指通过物品来实现人们的欲望，或通过对物品的主观心理评估来解释其价值与价值的形成。19世纪60年代之前的效用价值理论主要表现为普遍效用价值，其后的效用价值理论主要体现在边际效用价值。广义的效用价值论认为，一切事物的价值源于其效用，不能使用的东西则毫无价值。本书认为，价值取决于两个要素：效用与稀缺性，前者决定了使用价值，后者则取决于供给的数量。早期的边际效用价值论认为价值是主观性的，把价值还原成主观性的价值。19世纪中期，边际效用价值论认为，价值取决于商品的效用和稀缺性，而非生产的产品所需的社会劳动的数量，价值是消费者的主观感觉。

从效用价值论的演进历程来看，价值并非是指劳动的社会性质，而在于它的本质，即使用价值。具体而言，商品的效用和交换价值体现在商品的价格（于新，2010）。因而，效用价值论的实质就是“物权”。使用价值是指劳动、资本和土地共同提供的生产性服务，其规模取决于效用；而劳动的另一方面（抽象劳动）则是对商品价值的确定。按照效用价值论的基本思想，要提高企业的价值创造，就必须从主观和客观两方面提高产品的综合效用。

3.1.4 基于顾客价值理论的企业价值创造理论

关于顾客价值这一概念，由于各种学说的不同，其内涵也不尽相同。从顾客价值均衡的观点出发，对顾客价值进行界定，以此为依据，客户的整体价值是指客户所期待的一系列商品或服务所带来的收益；而顾客的总费用是指顾客在评价、获取和使用某一商品或服务时所要支付的费用。基于顾客的价值满足理念定义顾客的满意程度，顾客的满意程度是“获取、拥有和使用的最低成本”。顾客价值是基于顾客的价值和情感的概念，它是一种顾客与产品之间的感情纽带。从顾客价值结构的视角，可以把顾客价值分为五个层面：功能层面、社会层面、情感层面、认识层面和环境层面（叶志桂，2004）。对应不同的定义，具有不同的顾客价值理论。

（1）买方价值理论

买方价值理论把价值看作顾客愿意付出的价格。一家企业能够通过增加买方效益或降低买方成本等措施，为买方创造所需价值。客户购买标准有两类：一是标准的运用，来自企业对实际买方价值施加影响的途径，更多地与企业的产品、交货、后勤及服务等活动相联系；二是信号标准，其产生原因在于买方对企业实际价值进行猜测或评判时所采取的手段往往与企业的市场营销活动相联系。用标准来度量哪些因素创造了买方价值，而信号标准则用来度量买方如何理解所表现出来的价值。这一理论部分地揭示了客户的价值构成，为企业创造实际价值、影响客户理解实际价值树立了导向。

（2）顾客感知价值理论

顾客感知价值理论主张企业在为客户设计、创造和提供价值时应以客户导向为出发点，以客户感知到的价值为决定性因素。企业的价值取决于客户而非企业，企业价值的实质就是客户感知价值。这一理论把客户而不是企业放在决定性地位，完全从客户的视角来考察企业为客户设计、创造、提供价值的过程，强调以客户为中心以及客户是否能感知到价值的意义。

(3) 顾客价值关系理论

顾客价值关系理论将顾客感知价值视为对企业所提供物品核心价值基础上的关系附加因素、附加价值进行积极或消极调节的产物。这一理论把顾客感知价值分为核心价值与附加价值，而附加要素带来的附加价值有可能会增强或弱化核心价值，从而对顾客价值的构成研究进行补充。

(4) 顾客价值认知理论

顾客价值认知理论认为，客户的价值感知会随着时间的推移而改变。在采购之前，客户先进行价值预评估，之后根据预评估结果生成采购，采购之后再进行价值评估，这一次评估就变成了下一次采购之前的预评估。同时，该理论将客户价值感知变化看成评价(感知)与购买(感知)两部分交替进行的持续过程，而且用价值层级体现客户价值感知的心理活动过程，进一步加深了客户价值构成研究。

(5) 顾客让渡价值理论

顾客让渡价值是指客户总价值与客户总成本之间的差异。客户价值是指消费者在产品或服务中所获得的一系列收入，包括产品价值、劳务价值、人员价值和形象价值。而顾客的总成本是指顾客在评估、使用产品或服务的过程中所发生的顾客预期成本，包括货币、时间、精力、体力等。顾客让渡价值理论认为，企业可以通过两种途径提高顾客的让渡价值，提高顾客的整体价值或者减少顾客的整体成本。

在总结以上理论的基础上，国外的一些学者建立了客户期望的层次结构(Zeithaml et al.,1993)，将客户期望分为理想、期望和普遍三个层次。普遍水平和期望水平是客户能够接受的范围，而达到理想水平则能让客户感到十分满足。Woodruff(1997)提出了三个层面的客户价值模型，该模型把客户的最低层价值看作客户期望的产品特征和性能，顾客在购买物品时，首先要把以上的因素考虑进去；第二层次是顾客在购买和使用产品时，产品的属性实现了期望的结果；第三层次是顾客期望的产品达到预期的目的。根据顾客的期望，Weingand(1997)将顾客价值划分为基本价值、期望价值、需要价值和最终期望价值四个层次，每一个层次都代表着不同的顾客价值。基于客户价值理论，企业要想创造价值，就必须为客户提供更多的价值，并对其进行有效的控制。

3.1.5 基于价值链的企业价值创造理论

价值链是企业为了实现顾客、股东、员工及其他利益团体所进行的一系列经济行为的总称。这是一个过程，从供货商开始，直至客户的价值实现。一般由研究开发、设计、生产、营销、销售和客户服务等作业活动组成。基于价值链的企业价值创造细化到价值链上的每一种作业，具体分析每一种作业对顾客价值的贡献额与消耗的资源，对作业在短期内进行有效管理，并从长期上对内部流程进行优化与再造。通过对价值链进行有效管理，提高内部流程效率，给顾客提供更多的使用价值，并有效控制资源的消耗，这样就可以赚取更多的利润，实现企业价值创造。

3.1.6 基于资本结构理论的企业价值创造理论

资本结构理论从公司价值最大化、股东财富最大化这两个方面入手，着重探讨了在中长期资本结构中，负债和股权资本所占比例的变动对公司整体价值的影响。现代资本结构理论主要包括 MM 理论，并从 MM 理论中引出权衡理论、代理理论、激励理论、非对称信息理论、控制理论等。

(1) 无公司所得税和个人所得税的 MM 理论

MM 理论是建立在一系列基本假设基础之上的，具体表现为：① 企业只持有长期债券与普通股票，并且债券与股票都在一个完全资本市场中进行交易，交易成本等于零，企业对未来平均营业利润期望值为随机变量，对于每个投资者而言，这一期望值是一致的；② 同风险类别假定，也就是经营条件类似的企业有共同的经营风险；③ 全部现金流量为永续年金（含企业收益、税前利润）；④ 不计企业成长，全部盈利均以股利分配形式存在；⑤ 无论借入债务数量多大，企业或个人债务均没有风险。

在假定企业总价值与资本结构无关，且不计税收的情况下，MM 理论认为在特定资本结构下，企业负债的增加并未使企业价值上升。由于负债产生的收益会伴随着权益资本成本的上升而抵消，所以无论是企业价值还是资本成本都不受资本结构影响。

(2) 只考虑公司所得税的 MM 理论

在存在公司所得税的情况下，因税法规定的利息支出能够抵减所得税的成本，从而对负债经营形成税收屏蔽，给企业带来税收节约的价值。因此，企业价值会随负债增加而逐步提高，当负债达到 100%时，企业价值最高。

(3) 权衡理论

权衡理论是在有税 MM 理论基础上的扩展，充分考虑了利息抵税收益和财务困境成本，认为有负债企业的价值等于具有相同风险等级的无负债企业的价值加上利息抵税收益减去财务困境成本。因此，企业价值最大的时点是在抵税收益等于财务困境成本的时候。

(4) 代理理论

根据代理理论,公司的资本结构影响经理人员的工作水平,进而影响公司未来现金收入及公司市场价值。这一理论主张债权筹资具有强大的激励作用和把债务作为担保机制。这一机制能促进经理们多劳多得并做出较好的投资决策以减少两权分离所带来的代理成本,但负债筹资又会带来企业在债权人监管下的代理成本问题。均衡的企业所有权结构由股权代理成本与债权代理成本的平衡关系决定。

(5) 激励理论

激励理论主要研究资本结构对经理人员行为的影响。这一理论认为资本结构影响经理人员的工作努力水平,进而影响公司未来的现金收入及公司市场价值。负债的出现类似于一种担保机制,不能还债的财务危机风险乃至破产风险导致经理人员不得不做出良好的投资决策并努力做到规避风险。反之,没有债券发行,公司就没有破产的危险,经理人员就会失去扩大盈利的热情,公司的市场评价就会下降,企业资金成本上升。所以,应鼓励公司借债,强制经理人员努力工作,避免企业倒闭。

(6) 非对称信息理论

假设企业经营者掌握着企业未来收益与投资风险的内部信息,投资者不了解这些内部信息。因为破产概率和企业质量呈负相关关系,和负债水平呈正相关关系,所以外部投资者认为负债越高且企业没有破产风险,就说明企业质量越好。负债比例的增加说明经营者对于公司未来回报的预期很高,这传达出经营者对于公司的自信,而负债又能推动经营者奋发向上,进而让投资者对公司产生信心,从而提升企业的价值。

(7) 控制理论

控制理论从公司管理者的控制权偏好角度出发,探讨了公司的资本结构。基于控制权偏好的企业管理者,其资本结构会对控制权分配产生影响,从而对公司的市值产生一定的影响。相比之下,因存在信息不对称及动力等原因,股东控制力弱。若企业资金依赖银行,银行对公司可能会产生较大的控制作用。企业满足发行债券进行筹资的规模及条件后,借入债务所造成的控制权损失要比向银行筹资更有优势。当然最稳妥的办法就是利用未分配利润,也就是内部资本投入资金。

基于资本结构的企业价值创造理论是基于财务范畴的价值创造理论,其中一个研究前提是企业未来现金流量是确定的。在这个基础上,通过调整融资结构来达到最优的企业价值。也就是说,在现金流量与投资回报确定的情况下,通过有效改善债务性资金与权益性资金的结构来最小化资本成本,从而获得企业价值最大化的目标。因此,基于资本结构理论的企业价值创造理论是企业运营终端的价值创造方式,主要依靠财务在筹资方面的整体优化。

3.2 "双碳"目标时代企业价值创造的来源与特征

3.2.1 "双碳"目标时代对企业经营行为的影响

低碳经济以可持续发展理念为指导,以技术创新、制度创新、产业转型、新能源开发为核心,减少碳、油等高碳能源的消耗量,实现经济、社会、生态共赢。而低碳经济是继农业、工业革命、信息革命之后,又一次的世界经济革命。与全球化、信息技术一样,低碳技术必将成为世界经济发展的主要力量。"双碳"目标背景下的"低碳经济"对我国企业经营行为会有深刻的影响,具体表现为:

(1) 企业需要配合实现"双碳"目标且具有先行优势

"双碳"目标倡导绿色、环保、低碳的生活方式,加快降低碳排放步伐有利于引导绿色技术创新,提高产业和经济的全球竞争力。政府"双碳"目标的实现最终还是需要依靠工业企业逐步转变生产经营模式来实现。作为低碳经济大环境中的微观主体,工业企业需要适应、转变来获取更大的成长空间,并实现自身的价值创造。

① 适应政府目标获取生存空间。"双碳"目标的设立与实现是不可逆转的政策趋势,工业企业必须顺应这个发展趋势才能够生存下来。为了按期实现"双碳"目标,各级政府会颁布实施很多激励性与约束性政策,因此企业需要主动去适应政策并做出相应的改变,提高企业价值。一方面,顺应政府的目标能够避免因违反约束政策而遭到处罚;另一方面,顺应政府的低碳发展政策并做出相应的改变,能够享受政府的激励性政策,提升企业价值。

② 转变经营模式获取发展空间。从中长期看,企业转变经营模式是在低碳经济环境中获得未来发展空间的重要方式。低碳发展模式以节能减排为目标,根据不同行业特点,制定高水平的环保治理措施,既符合社会对低碳排放的需要,又符合企业的市场需要,从而提高企业的社会形象和经济效益。低碳发展要求企业彻底转变发展模式,从低碳资源能源的使用、高耗能运营转变为低耗能运营的生产经营模式。企业按照政府要求的低碳发展标准进行生产经营,能够获得很多的好处。比如,可以进入一些国家对碳排放有限制的行业,

从而从该行业获得超额的价值创造。

③ 构建先行优势获取价值创造空间。当企业的低碳技术领先社会的时候,可以生产成本更低、售价更高、销量更好的产品,从而获得超额利润。低碳技术是企业获得先行优势的关键,是企业获得超额价值的关键。因此,企业要加快和加大对低碳技术的研发。

(2) 企业低碳经营可以获得更好的市场表现

企业低碳经营除了能够从政府与社会其他利益团体获得相应的支持以外,还可以在各种市场中获得更好的表现。对低碳经营企业而言,受低碳经济影响的市场主要包括产品市场、资本市场、并购市场与碳排放权交易市场。在产品市场中,低碳经营能够影响前端的供应商与后端的顾客两大主体;在资本市场中,良好的低碳表现能够获得市场投资者的青睐,获得市场价值的增值;在并购市场中,具有低碳经营背景的企业在被并购时,评估价值与实际交易价格会产生增值;在碳排放权交易市场中,低碳经营企业通过转让碳排放权配额实现价值增值。

(3) 企业低碳经营能够优化内部流程

“双碳”目标下的低碳经济会促使企业进行内部流程的逐步优化与重组,以适应外部顾客需求和政府要求。围绕着低碳化运营,通过取消所有不必要的作业环节和内容、合并必要的作业、简化所必需的作业环节与合理安排作业程序等措施,优化内部作业流程。一旦实现内部流程优化,不但可以给顾客提供更多的价值,而且能够有效节约内部流程成本,实现价值增值。

3.2.2 “双碳”目标时代企业价值的来源

在低碳经济时代与“双碳”目标背景下,企业价值创造来源除了传统经济时代的价值来源渠道以外,还存在着一些特有的来源渠道。按照来源的主体来分类,可以分为下列五大主体:政府、行业、顾客、投资者与企业自身。

(1) 政府

为了保障“双碳”目标的顺利实现,中央政府与地方各级政府都制定了很多低碳转型的激励政策,主要是以补贴与优惠政策为主。企业通过低碳经营转型满足激励政策的要求,从而从政府那里获得相应的政府补助与税收等优惠政策。从价值创造的视角看,从政府那里获取补助与优惠是企业低碳转型初期进行价值增值的主要路径。如《徐汇区节能减排降碳专项资金管理办法》规定,企业实施节能技改及节能产品应用项目,并达到明显的节能减排降碳效果的,按项目实现的年节能量给予每吨标准煤 1 200 元的扶持,或按项目投资额中用于实现节能减排降碳功能部分给予20%的扶持。

(2) 行业

如果企业在低碳经营方面具有较好的领先优势，如生产工艺先进、低碳运营管理水平突出，就可以在某个行业内形成领先的优势，从而获得超额利润。按照马克思的理论，个别企业由于最先采用新技术和生产工艺，劳动生产率超过了这个行业的平均水平，使得产品的个别生产价格比社会生产价格低。但产品仍按社会生产价格出售，这样就可以得到超过平均利润以上部分的额外利润。在行业中确立先行优势、获取超过行业平均利润的超额利润是企业价值创造的另一重要来源。

(3) 顾客

在产品市场中，企业价值创造的主要来源是顾客。埃森哲公司在全球范围内进行了一次调查，共有7 500多位消费者参与。结果显示，全球消费者对于能够主动应对气候变化的公司的产品和服务给予了更多的选择；64%的受访者表示，他们会为低碳产品和服务付出更多的代价(熊榕 等，2019)。《低碳产品认证管理暂行办法》将低碳产品界定为“与同类产品或者相同功能的产品相比，碳排放量值符合相关低碳产品评价标准或者技术规范要求的产品”。低碳产品的价值，除具备一般商品所能提供的最基本的消费需要之外，还应该具备低碳排放、高科技含量、改善消费者生活、节约资源、保护环境等方面的价值(庞晶 等，2011)。以降低成本为目的，为客户提供更多的低碳产品，从而实现公司的价值创造。

(4) 投资者

低碳时代企业价值的来源，除了表现在低碳产品市场上以外，还在市场价值方面具有充分的表现。这些市场价值主要体现在资本市场、并购市场与碳排放权交易市场上，其主要来源是投资者。在资本市场上，绿色产业的估值溢价有望长期延续。由于得到投资者的普遍认可，所以低碳企业可以获得更多的市场价值增值。在并购市场上，低碳经营公司可能成为并购目标，并实现较好的并购溢价。如2021年国际油气公司的低碳并购交易再创新高——共发生68笔低碳并购交易，数量几乎是2020年(37笔交易)的2倍；交易金额(117亿美元)是2020年(39亿美元)的3倍，也大大高于2018年的水平(42亿美元)。全国碳排放权交易市场是“双碳”目标得以实现的最核心的政策手段。我国从2011年开始在北京、天津和上海试点碳排放权交易，2017年年底开始了碳排放权交易。在碳排放权交易市场中，受经济激励且减排成本较小的公司首先实施减排，它们向减排成本较大的公司出售过剩的碳排放权配额，以获得额外收益。

(5) 企业自身

低碳经济时代，在企业生产经营的前端与末端都确定的情况下，加强内部流程优化、提升运作效率是企业价值创造的重要来源。对企业内部流程的优化，不论是对流程整体的优化还是对其中部分的改进，如减少环节、改变顺序，都以提高工作质量、提高工作效率、降低成本、降低劳动强度、节约能耗、保证安全生产、减少污染等为目的。企业优化内部流程，不仅能够给顾客提供更多的价值，还能够有效地降低成本，从而实现企业价值的创造。

3.2.3 “双碳”目标时代企业价值创造的主要特征

“双碳”目标背景下的企业价值创造表现出与传统经济不一样的特征，具体为：

(1) 实效性

由于“双碳”目标是我国未来发展不可逆转的趋势，对身处其中的企业而言，在顺应国家政策、全力遵守该政策的同时，尽力实现低碳经营的转型是实现企业价值创造的途径之一。特别是对高碳排放的企业而言，更需要保持决策的实效性，基于政策遵守的视角进行生产经营决策，这样才能够提升企业价值。同时，“双碳”目标也给能源供给端的技术创新、能源消费端的技术创新与“负碳”技术创新提供了良好的机遇，抓住时机并做出及时改变，进而提升企业价值创造的速度。

(2) 前瞻性

在“双碳”目标的背景下，企业若拥有较好的政策前瞻性，能够在较短时间内形成先发优势，在行业内保持领先，就能够获得超额利润，从而获得企业价值的快速创造。所谓先发优势，是指先行者对革命性的产品进行垄断，即领先技术和产品带来的持久的竞争优势。若新品符合客户未达到的低碳需求且需求量大，先行者就能实现巨大的收益与盈利。因此，企业应提早实现低碳经营转型，建立先发优势，获得价值创造的基础。

(3) 系统性

在“双碳”目标的背景下，对企业价值创造的衡量需要系统与全面。一方面，需要综合评价产品市场价值、资本市场价值、并购市场价值与碳排放权交易价值；另一方面，不但需要考虑现时的投入与支出，更需要考虑企业低碳经营带来的未来价值，即增长整个市场的价值。无论是在理论还是实践中，都需要系统地评价企业价值创造，不能片面评价。

(4) 长期性

由于企业的低碳转型是一个长期的过程,其带来的价值增值需要时间逐步显现出来,因此,在低碳价值创造理论与实践方面需要关注价值创造的可持续性,并综合平衡短期价值与长期价值。特别对长期价值创造需要予以充分的关注,并在现有的企业价值中给予充分体现,不能只关注短期价值创造,而忽视长期价值的衡量。

(5) 变革性

“双碳”目标背景下的企业价值创造具有鲜明的变革性特征,展现出完全不同的价值创造模式。在能源领域要实现大比例可再生能源发电,进一步降低风、光等清洁能源的发电成本,必须依靠异质结、钙钛矿、高温超导材料等基础结构和基础材料的突破创新。在工业领域,未来高耗能工业的基础逻辑会将低碳甚至零碳作为主要目标,这将直接颠覆工业体系的各个环节。在消费领域,绿色能源和消费场景互动的空间将进一步拓展。这就需要在传统企业价值创造模式研究的基础上,深入研究新型价值创造模式。

3.3 “双碳”目标时代企业价值创造路径的理论基础

“双碳”目标时代企业价值创造路径的理论基础主要源于两个重要的基础理论,企业价值分层理论与利益相关者分层理论。

3.3.1 企业价值分层理论

基于不同的研究目的,企业价值的构成有不同的界定方式。第一种,基于企业价值评估的目的,企业价值的影响因素分为现金流、风险与时间;第二种,基于业绩评价的目的,平衡计分卡将企业价值界定为三部分:产品/服务,形象/声誉,客户关系(刘淑莲,2004);第三种,根据利益相关者和公司价值之间的对应关系来界定公司的价值,使投资者、员工、国家和社会得到充分的满足,进而使公司自身的经济价值得到相应的提升。在此基础上,企业价值的构成要素有公司价值、顾客价值、社会价值。公司价值是企业的经济价值,是衡量公司盈利能力和公司改革成长能力的重要指标。股东和经营者是相应的利益相关方。顾客价值是指公司为客户所创造的价值。对应的利益相关者主体是顾客。企业进行价值创造时也应考虑社会责任、强调社会效益。例如,企业给雇员增加福利和发展机会,同供应商和竞争对手实现双赢，给国家带来税收和就业机会，给社会带来财富，重视环境保护和节约能源，这些被称为社会价值。对应的利益相关者是员工、社会、关联企业等。

本书倾向于选择第三种分层理论作为“双碳”目标时代企业价值创造路径的理论基础，但存在一些不同之处。首先，企业本位价值是企业日常经营所产生的价值增值，在产品市场上与顾客价值密切相连，因此本书把企业本位价值称为账面价值，亦可叫作财务价值。一般说来，企业日常运营越好，争取的顾客价值越多，就能在财务上表现出越高的账面价值。企业账面价值从本质上取决于企业内部经营流程效率带来的现金流量，即内部价值链的高效性。其次，本书将顾客价值转换为市场价值。由于低碳经济时代不但存在产品市场，还存在资本市场、并购市场与碳排放权交易市场，通过提升企业资产在这些市场的溢价来提高企业的市场价值。最后，本书对第三种社会价值的定义也不同。本书认为企业的社会价值指的是企业通过低碳经营树立良好的形象来提升未来增长期权的价值，从而提供企业的价值创造。这样就形成了企业价值层次理论：一是基础层的企业账面价值，该价值取决于企业与低碳相关的现金流量；二是中层的市场价值，该价值取决于企业低碳资产的市场溢价；三是顶层的社会价值，该价值取决于企业低碳经营的未来增长期权价值。

3.3.2 利益相关者分层理论

根据利益相关者分层理论，已有研究将利益相关者分为三个层次（娄桂莲等，2016）。

第一层为企业层，包括所有者、管理层与雇员，权力机制支配着企业的决策与行为。企业层通过内部权力机制保障组织内部有效运行。

第二层为市场层，包括消费者、供应商、竞争者和潜在的新进入者。企业同该层面利益相关者之间的相互作用适用于市场机制（即供求机制）、价格机制以及竞争机制。每个市场的参与方都是自愿地参与等价交换。

第三层面为社会政治层，包括权益守护者与权益监管者，如政府、消费者协会、非政府组织以及特殊利益群体。这个层面主要是给企业一个伦理制度环境。企业要实现社会职能，最根本的前提就是它所提供的有形价值和无形价值都要被社会所承认，都要满足基本的法律和法规要求，与社会大众的道德观和价值观具有某种程度的一致性。企业能够通过正面社会影响形成积极的“外部性”，在满足公众期望的前提下提升企业形象、增加产品价值、扩大市场势力。社会政治层通过道德与制度机制,营造积极的"外部性",扩张市场势力。

3.3.3 企业价值分层与利益相关者分层的对应关系

本书充分借鉴了利益相关者的三层次理论,对应企业价值的分层理论,使两者充分对应起来。企业层面利益相关者对应企业账面价值,市场层面利益相关者对应企业市场价值,社会政治层面利益相关者对应企业社会价值。这样,本书基于利益相关者主体与企业价值的一一对应关系(图 3-1),构建"双碳"目标时代企业价值创造路径的理论框架。

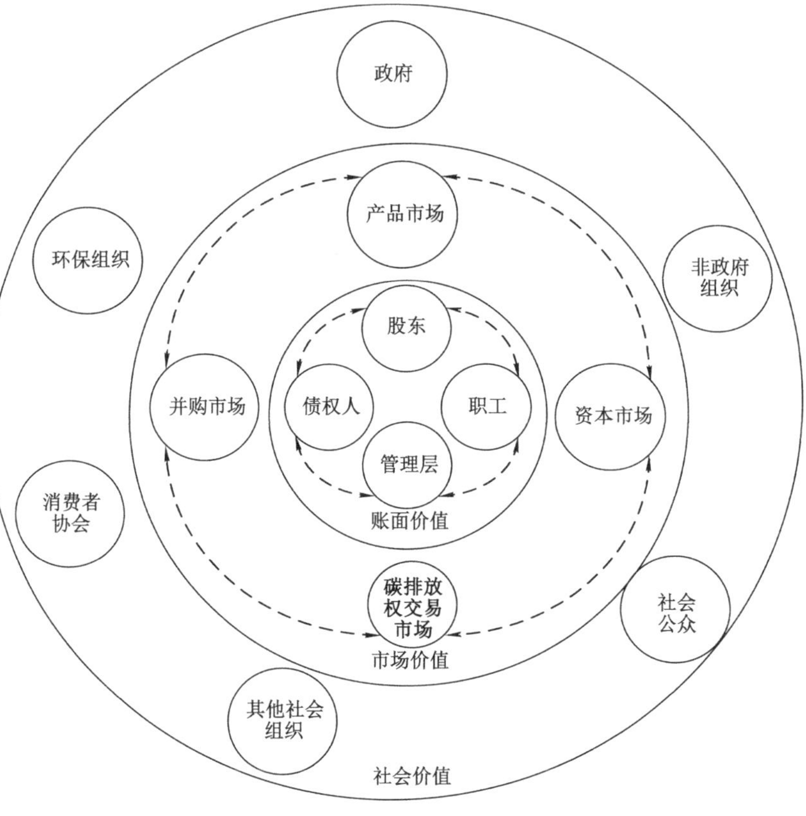

图 3-1　企业价值分层与利益相关者分层的对应关系

3.4 “双碳”目标时代企业价值创造路径的理论构成框架

3.4.1 企业价值创造路径的理论框架

依据企业价值分层理论与利益相关者分层理论，构建“双碳”目标时代企业价值创造的分层理论。具体包括：企业低碳价值创造的基础层理论研究（企业层面），对应企业层面利益相关者与企业账面价值；企业低碳价值创造的中层理论研究（市场层面），对应市场利益相关者与市场价值；企业低碳价值创造的顶层理论研究（社会政治层面），对应社会政治利益相关者与增长期权价值。本部分基于企业价值创造的分层理论，构建金字塔式的理论框架（图 3-2），具体为：社会政治层面利益相关者-增长期权价值-社会政治层面顶层理论、市场层面利益相关者-市场价值-市场层面中层理论、企业层面利益相关者-账面价值-企业内部价值链层面基础层理论。

3.4.2 社会政治层面利益相关者-增长期权价值-社会政治层面顶层理论

（1）社会政治层面利益相关者的诉求

在“双碳”目标背景下，企业价值创造顶层的来源是企业的社会价值。作为企业最外层的利益相关者，政府、环保组织与行业组织对企业具有不同的诉求。

对于政府来说，大力发展可持续经济不仅是应对全球气候变化的国际需要，也是实现中国经济与社会可持续发展的迫切需要（冯之浚 等，2010）。政府希望企业能够顺应政府的低碳政策，进行低碳经营，并实现低碳生产模式转变。

环保组织作为一种第三方力量，能够有效地弥补市场失灵以及政府失灵，它的“治理”是建立在对政府和市场双失灵的弥补角度之上的，它重视非政府组织在其中扮演的角色，重视协作。对环保组织而言，被社会公众认可、保持良好的环保形象是其主要诉求。

行业组织希望企业能够通过低碳转型，带动整个行业的转型。企业只有满足这些主体的诉求，在实现这部分利益相关主体利益最大化的基础上，才能实现企业低碳价值的创造。

（2）增长期权价值

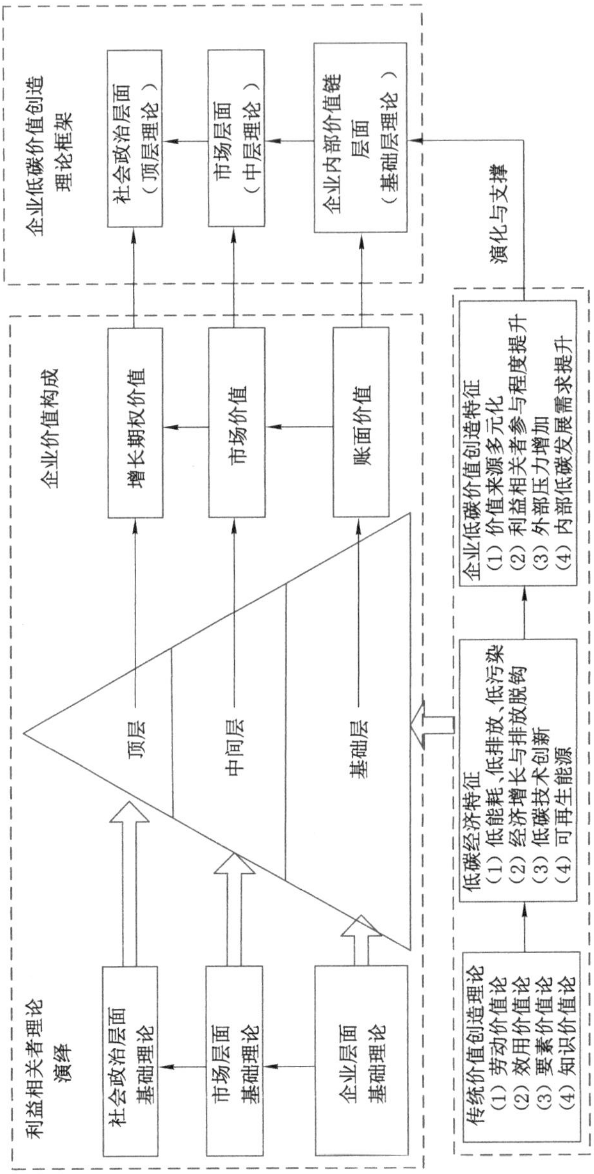

图3-2 "双碳"目标时代企业价值创造路径的理论框架

企业低碳运营满足社会政治层面利益相关者的诉求能够获得社会价值，但这种价值很难使用利润与现金流模型进行直接衡量。虽然企业的低碳经营在短期内可能在利润或者现金流量方面出现负数或者短缺的情况，但从长远来看有潜在的价值。这种潜在价值可以称为增长期权价值。

企业增长期权是企业以事先投资为前提或者以一系列相互联系的项目为纽带来获取未来增长(如新产品、新市场、新流程和新商业模式)，同时又有从事某一经济活动的期权(柳学信 等，2023)。企业以事先投资为前提或者以一系列有联系的项目为纽带，就能得到将来发展的机会(如新产品、新市场、新流程)，并拥有在今后一定时期内从事某种经济活动(制造某种新产品、开拓某种新市场、采取某种新流程)的权利。在市场条件适宜的情况下，企业会抓住这一时机并实施这一权利以取得长远发展(陈艺萍 等，2023)。企业战略性投资项目通常有新产品研发、新生产技术或者生产线引进、新领域进入、兼并收购、资产重组、生产和营销能力拓展等。这种投资一般资金需求量大、回报周期长、伴有很大的投资风险。企业低碳经营中的投资也是典型的战略性投资项目，符合上述所有特征。如果可以准确地衡量增长期权的价值，那么企业价值可以表述为式(3-1)。

企业价值＝企业的增长期权价值＋企业已有资产的价值(市场价值)　　(3-1)

(3) 社会政治层面顶层理论

围绕社会政治层面利益相关者的诉求满足和企业社会价值创造，本书构建了社会政治层面顶层理论，又称为利益相关者诉求锁定理论。该理论认为，企业应顺应社会政治层面利益相关者的诉求，通过战略性低碳投资与运营，实现增长期权价值的增值，从而实现企业价值创造。

(4) 企业社会价值的实现路径

在利益相关者诉求锁定理论的指导下，根据社会政治利益相关者的类型，可以划分三种企业社会价值实现路径。第一种是满足政府的诉求，基于政府补贴与优惠支持的价值创造路径；第二种是满足环保组织与社会团体的诉求，基于环保团体认可度提升与社会良好形象的价值创造路径；第三种是满足行业组织诉求，基于行业低碳领先与行业碳壁垒的价值创造路径。

3.4.3 市场层面利益相关者-市场价值-市场层面中层理论

(1) 市场层面利益相关者的诉求

在传统经济中，市场层面利益相关者主要是基于产品市场而言的，由消费者、供应商、竞争者、潜在新进入者等构成。而在低碳经济中，市场层面利益相关者的范围有了一定的扩大。除了产品市场以外，还包括资本市场、并购市场与碳排放权交易市场。在产品市场中，产品的顾客(消费者)和企业供应商希望企业进行低碳经营，给顾客提供低碳产品和满足供应商的低碳标准。在资本市场中，市场中的交易主体希望企业能够实现低碳转型，并在市场中具有鲜明的低碳特征以及潜在的盈利能力。在并购市场中，企业无论作为主并方还是被并方，都希望低碳发展模式能够带来潜在的利润。在碳排放权交易市场中，交易主体希望获得较为经济的碳排放权价格，从而节约碳排放成本。

(2) 市场价值

所谓市场价值，就是某项资产在交易市场中的定价，即自愿买方与自愿卖方各自理智行事而不被任何强制投标所形成的双方均可接受的定价。对低碳经营的企业而言，企业市场价值体现为企业账面资产的溢价。这种资产溢价在资本市场与并购市场能够完全体现出来，在产品市场与碳排放权交易市场能够得到部分体现。因此，式(3-1)中的企业已有资产的价值可以用式(3-2)进行计算。

企业已有资产的价值(市场价值)＝企业账面价值＋市场溢价　(3-2)

这样，式(3-1)可以表达为：

企业价值＝企业的增长期权价值＋企业账面价值＋市场溢价　(3-3)

(3) 市场层面中层理论

低碳经营企业的市场层面中层理论又称为市场溢价理论。该理论认为，企业通过低碳经营与转变经营模式，在相关市场中努力增加市场溢价，进而提升企业价值创造。

(4) 企业市场价值的实现路径

根据市场类型的不同，企业市场价值具有不同的实现路径。在产品市场中，通过低碳经营提升顾客的低碳附加值和供应商的碳排放标准，取得消费者与供应商的认同，从而获得产品溢价与提升企业价值创造。在资本市场上，通过低碳经营建立低碳商誉，从而获得市场溢价。在并购市场中，通过低碳经营形成并购溢价，从而实现企业价值增值。在碳排放权交易市场中，企业通过低碳经营减少碳排放，既可以节约碳排放权配额购买，也可以将节约的碳排放权转卖给其他企业，从而实现企业价值增值。

3.4.4　企业层面利益相关者-账面价值-企业内部价值链层面基础层理论

(1) 企业层面利益相关者的诉求

企业层面利益相关者主要由所有者、管理层和雇员组成。这些利益相关者的主要诉求是企业获得更多的利润，在外部市场和供应商一定的前提下，提升内部运营效率是保障利润的主要路径。

（2）账面价值

为了满足企业层面利益相关者的诉求，企业通过低碳经营实现内部流程优化与效率提高，能够有效增加利润，即增加企业账面价值。企业通过对企业内部价值链进行低碳化改造，在为顾客提供价值的同时，尽量减少价值链各环节对资源的消耗数量，从而增加利润和实现企业价值创造。

（3）企业内部价值链层面基础层理论

企业内部价值链层面基础层理论，又称为企业内部流程优化理论。该理论认为，企业需要将低碳化导向纳入生产经营的各个环节，通过提高内部流程的运营效率，实现企业账面价值创造。

（4）企业账面价值的实现路径

低碳经济背景下，企业账面价值实现增值的路径有三种：第一种是实施低碳战略，这是企业进行低碳化内部运营的中长期规划，要围绕低碳战略展开内部运营流程的优化工作，包括对企业低碳资源与能力进行有效整合。第二种是通过低碳化投融资实现企业账面价值创造的实现，具体包括基于低碳融资的价值创造路径与基于低碳投资的价值创造路径。第三种是通过对企业内部价值链进行低碳优化，从而有效节约资源消耗，具体包括基于低碳研发的价值创造路径、基于低碳生产的价值创造路径、基于低碳销售与售后服务的价值创造路径、基于低碳业绩评价与管理的价值创造路径。

第4章 社会政治层面企业价值创造路径研究

4.1 社会政治层面利益相关者与企业社会价值的对应关系

4.1.1 企业社会价值的衡量

为实现"双碳"目标,政府制定了明确的约束机制与激励机制,同时充分调动社会上非政府组织的力量促进企业进行低碳经营,从而如期实现"双碳"目标。实际上,与"双碳"目标相联系的系列约束与激励机制对企业而言,既是短期成本上的挑战,更是企业价值创造的机遇。如果企业通过低碳运营有效满足政府、非政府社会组织的需求,则会带来一定的价值创造。相应的,我们将政府、非政府组织、社会公众界定为社会政治层面利益相关者,企业通过满足这些利益相关者的低碳目标与需求而得到的价值,则被称为企业社会价值。企业社会价值是企业价值创造最主要的源泉和长期价值最主要的表现形式。在低碳经济时代,企业价值创造来源呈现多样化的发展趋势。很多企业认为低碳经营在短期内会减少账面价值,忽视了可能会增加的市场价值与社会价值。企业通过制定低碳发展战略、适应外部环境变化、充分利用国家的优惠政策和满足社会政治层面利益相关者的需求,获得先行优势和更高的未来潜在价值。

与企业账面价值、市场价值不同,企业社会价值更多表现为未来长期的价值。而且这种未来长期价值与基于未来现金流折现模型的价值衡量不同,它是超出现金流量那部分的增长价值,被称为增长期权价值。增长期权最早应用于投资决策,当一个投资项目能够产生具有价值的增长期权,其价值就应包括预期现金流量和预期增长期权。如果增长期权价值与原有预期现金流量损失相抵，那么净现值为负的投资项目同样值得投资。所以增长期权使企业有机会或者有可能增加未来的生产能力或者竞争力，而增长期权的价值往往不是由企业本身创造的净现金流的多少来决定的，而在于它给企业带来了新的期权价值。

本书将增长期权价值扩展到企业低碳价值创造的衡量上，企业价值创造除了取决于正常的现金流之外，还取决于未来增长的机会，即增长期权价值。也就是说，“双碳”目标下的企业价值包括两个方面：一是对已有“已到位”资产进行市场价值评估，预测出未来现金流量贴现值；二是对未来增长机会进行贴现，这就是增长期权价值评估。由于未来增长机会存在一定的不确定性，很难预测现金流，所以采用增长期权的估值方式进行评估。因此，“双碳”目标下的企业价值可以用式(4-1)表示。

$$V = V_1 + V_2 \tag{4-1}$$

式中，V 代表“双碳”目标背景下的企业价值；V_1 代表现有“已到位”资产的市场价值，可用传统现金流量折现法进行计算；V_2 代表低碳战略未来成长性的增长期权价值，可用 Black-Scholes 模型进行衡量。具体如图 4-1 所示。

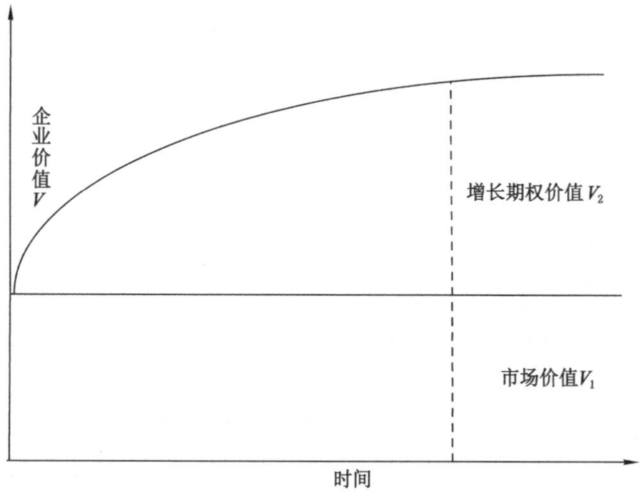

图 4-1　考虑增长期权价值的企业价值构成图

4.1.2　社会政治层面利益相关者分类与企业社会价值实现路径

依据利益相关者分类，将社会政治层面利益相关者界定为权益监管者和权益守护者。权益监管者主要是指中央政府与地方各级政府。源于政府环境规制政策的变化，规制手段经历了由命令-控制型手段为主，逐渐引入市场激励机制，再到多元化手段综合运用，最后由经济规制走向社会规制的过程（张倩 等，2013）。在低碳经济时代，中央政府和地方政府同样是促进企业进行碳减排的主要力量。与环境规制手段一致，低碳规制也是行政手段与市场手段相结合。行政手段主要是实施碳排放补贴的政策，即为了激励企业在碳减排的道路上不断努力，无论是中央财政还是地方财政都有计划准备一部分资金作为补贴，奖励那些在节能减排过程中表现出色的企业。而市场手段则包括对符合一定碳排放标准的企业实施低碳行业的政策支持和支持高碳壁垒行业准入。

权益守护者主要是指消费者协会、非营利组织、环境保护团体、特殊利益群体等。这些组织并没有直接的行政权力，但对企业低碳运营的影响作用越来越大。如果企业想获得较好的社会价值，必须满足这些社会利益相关者的需求。低碳运营企业通过获得环保团体认可与保持良好的低碳社会形象，获得企业社会价值创造。

总结下来，企业通过满足社会政治层面利益相关者的需求实现社会价值的创造，通常有五条实现企业社会价值创造的路径，分别为：基于政府补贴与优惠支持的价值创造路径、基于行业低碳领先的价值创造路径、基于行业碳壁垒的价值创造路径、基于环保团体认可度提升的价值创造路径，以及基于社会良好形象的价值创造路径（图 4-2）。

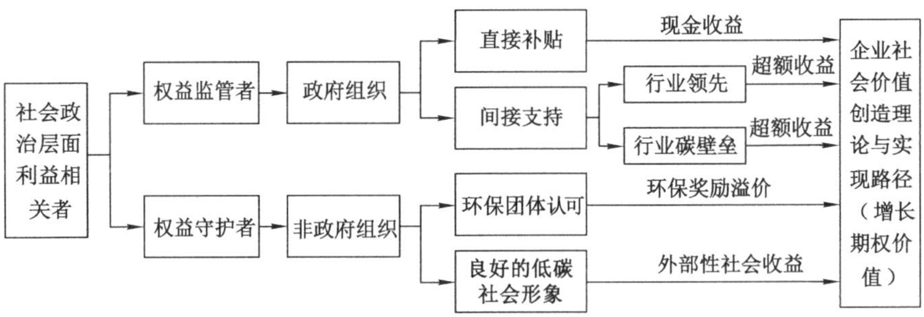

图 4-2　社会政治层面企业社会价值创造路径

4.2　基于政府补贴与优惠支持的价值创造路径

按照 Kemp(1995)的分类，环境规制政策可分为命令的手段(市场准入、环境标准、技术规范等)、市场的手段(污染税、排污权交易、减排补贴等)和相互沟通的手段(信息披露等)三大类。本书结合我国的制度背景，主要讨论市场手段中的政府补贴及其他优惠支持手段(税收优惠)，并且研究企业如何通过低碳经营充分获得这些政策的支持，从而实现企业价值创造。

4.2.1　政府补贴

(1) 低碳政府补贴的作用机制

低碳政府补贴指政府对微观经济主体(公司、个人)直接或者间接给予的无偿转移行为，可分为直接现金补贴与间接现金补贴。低碳政府补贴主要是为了推动低碳产业的发展，如《新能源汽车补贴标准》是为贯彻落实国务院关于培育战略性新兴产业和加强节能减排工作的部署和要求制定的标准。这些补贴按照不同的参照标准给到汽车制造企业，多数是以现金形式或者变相现金的形式。就企业而言，政府补贴是收到的实实在在的现金，不确定性非常小。低碳经营行为会产生很大的支出，包括选择低碳能源与材料、进行低碳化生产流程改造、生产末端的碳减排治理、低碳研发与设计，这些支出会让企业不愿意进行低碳投资，因为投资项目的净现值为负数，而通过政府的直接现金补贴能够增加投资期的现金流入量，使投资净现值变为正值，从而促进企业低碳转型。政府低碳现金补贴是目前最受欢迎的政府支持政策之一，其主要原因在于现金及类现金补贴具有确定性强的特点，企业管理层所面临的决策风险比较小，企业比较愿意接受。

(2) 我国节能减排补贴政策回顾

在影响经济发展的诸多要素中，政策、技术还有资金都是决定性因素，而在这三个要素中又以政策为主导，可采取一系列优惠激励政策来扶持和促进企业发展(冯之浚 等，2009)。全世界所有国家低碳年总补贴额超过 1 万亿美元，相当于全世界 GDP 的 4%(庄贵阳，2006)。我国从多方面实行节能减排补贴政策，比如 2005 年我国正式出台的《中华人民共和国可再生能源法》和 2011 年国务院发布的《“十二五”节能减排综合性工作方案》等。尤其在 2008 年，新修订的《中华人民共和国节约能源法》开始实施，明确了要以财政补贴和落实税收优惠来扶持节能减排。这些法律、行政法规的颁布，为节能减排补贴奠定了法律法规基础。

具体补贴政策的落地主要体现为实施办法，如 2007 年出台了《高效照明产品推广财政补贴资金管理暂行办法》，2011 年颁布实施了《关于调整节能汽车推广补贴政策的通知》，2012 年实施了《可再生能源电价附加补助资金管理暂行办法》。很明显，我国的各种政策都大力支持企业节能减排。

(3) 我国节能减排补贴政策的实施效果

低碳政府补贴在面临不同的市场情况和补贴对象时，会产生不同的政策效果(凌六一 等，2012)。通过梳理低碳背景下已有的政府补贴有关政策，将已有补贴模式划分为补贴制造商、补贴消费者以及制造商与消费者“双补贴”三大类。其中，以政府为主导的双补贴模式是当前我国新能源汽车产业补贴政策的主流。

① 补贴制造商。在补贴政策背景之下，厂商进行碳减排行为，政府拿出的补贴资金力度越大，厂商回报越大(任杰 等，2016)。比如财政部和国家发展改革委于 2007 年 12 月印发了《高效照明产品推广财政补贴资金管理暂行办法》，支持高效照明产品的推广使用。再如我国自 2010 年起，插电式混合动力生产厂商每台可获得不超过 5 万元财政补贴，纯电动汽车每台不超过 6 万元。因此，在低碳化背景下，制造商应采取一定措施提高自身竞争力来获得更多的利润。又如我国于 2012 年启动了“节能产品惠民工程”，明确中央财政对能效等级在一级或者二级的产品生产企业实施补贴，然后生产企业按照补贴价格出售产品。② 补贴消费者。低碳背景下为使企业能够更好地参与市场竞争，政府应制定合理的价格机制来引导市场行为。因此，政府应该鼓励企业采用更加节能、绿色的产品或服务。德国的节能汽车产品补贴全部是政府给消费者的，我国的新能源汽车补贴也是将补贴直接回赠给购买新能源车辆的车主。③ 制造商与消费者“双补贴”。从 2009 年开始，法国政府为每辆电动汽车准备了 15 000 欧元作为补贴，包括向购买电动汽车的消费者提供 5 000 欧元和向电动汽车制造商提供 10 000 欧元。基于政府消费补贴对于闭环供应链的影响研究，发现无论是制造商还是普通零售商都可以从消费补贴中受益。我国新能源汽车的补贴政策也是采用同样的双向补贴。

政府部门补贴被视为企业碳减排的收益(程发新 等，2016)，政府可以通过调节税率、财政补贴等政策方式来引导企业的生产行为(李白冰，1995)，研发补贴还可以对企业减排有较大的促进作用(张令荣 等，2022)。张保银等(2006)设计了一个模型，得出如果企业绿色管理努力能产生环境效益而经济效益不大，政府应适当加大补贴力度。郭本海等(2013)提出政府部门对于企业积极减排的补贴分两个部分：一部分是不依赖于减排成果的固定补贴，如果企业积极进行创新减排的话，那么政府部门会对企业进行补贴；另一部分是超额补贴环节，对政府部门制定了补贴上限值，在企业碳排放强度小于补贴上限值的情况下进行超额补贴，超过补贴上限值则出现负向补贴。赵书新(2011)提出，政府补贴为企业积极减排提供了外部驱动力。杨仕辉等(2014)的研究结果表明，政府补贴对企业碳减排技术的研发具有激励作用，有助于企业制造出更多的产品和实施更多的产品创新策略。王文军等(2011)则提出要加强政府支持，拓展工艺技术创新空间。张国兴等(2013)构建企业和政府补贴信号博弈模型，对两方策略选择机理进行分析，并据此提出相应的改进政府补贴策略。激励经济学理论表明，在节能减排策略中，政府利用补贴机制对企业的行为进行调节，并引导其进行节能减排，使其利益最大化的同时有利于帕累托最优的达成。由此得出结论：政府补贴促进了企业积极碳减排创新战略的形成与落实。政府给予企业适度的低碳补贴，可以促进其减排技术投入，提高社会福利。对低碳产品进行产量补贴比高碳产品征税更有利于企业减排(Galinato et al.,2010;Bajona et al.,2012)。

除补贴制造商、补贴消费者以及制造商与消费者“双补贴”等三种模式之外，政府还可以通过减排技术投入补贴以及低碳产品产量补贴等两种模式给予企业补贴。前者为行为补贴，以激励更多的公司投入减排技术研发；后者为结果补贴，以激励低碳产品开发成功的公司(生延超,2008)。Kesavayuth 等(2013)的研究表明，技术溢出效应较高时，技术补贴对社会福利有促进作用，而技术溢出效应较低时，产量补贴对社会福利有一定的促进作用。

4.2.2　其他优惠支持

除了政府补贴以外，与节能减排相关的税收政策和排污权许可证等优惠方式同样可以促进企业价值创造。

(1) 排污税的作用

按照国家相关税收政策，企业在节能减排方面可享受所得税法中有关条款的优惠政策，对降低企业应纳所得税额起到了至关重要的作用，同时对激励企业采购环保专用设备和落实节能减排也具有重大意义。在众多的污染控制手段中，经济学家更偏好那些通过价格而不是命令和控制来提供激励的手段。以市场为基础的工具，如排放税、减排补贴和不同的可交易许可证制度的主要优势是它们的(静态)成本随着效率与频率的上升而上升。Testa 等(2011)将直接管制与经济手段在企业减排研发中的作用进行对比分析，发现相关经济手段(如收费、罚款等)可以抑制减排技术创新活动的进行,直接管制手段可以促进减排研发。Macho-Stadler(2008)研究了风险中性企业在污染税、污染标准和可交易许可下的排污行为,发现环境税的效率要比其他环境政策工具好。Rousseau 等(2005)从企业不完全遵守的情形对已有研究进行了拓展,探讨了污染税、可交易污染许可和产品税这三种市场型的环境政策工具,所得结论与前人的研究结果基本一致。但是,Bansal(2008)的研究表明,一个行业是否应该被征税或补贴取决于与该产品相关污染的破坏性。

(2) 许可证制度的作用

Requate 等(2003)考察了各种环境政策工具对于企业减排和研发的刺激效果,结果表明税收政策相比于自由许可、拍卖许可,对于刺激企业更为有效。Milliman 等(1989)运用技术选择模型检验指令控制、排污税、补贴、排污权自由分配以及排污权拍卖这几类环境政策对于企业技术扩散是否具有激励作用。研究结果表明,排污权拍卖分配与排污税赋予企业技术扩散的激励作用最大,其他环境政策对于技术扩散激励作用大小的顺序为补贴、排污税自由分配以及指令控制。Clara 等(2010)进一步讨论了污染税与可交易污染许可两种情况下政府环境监管策略对于企业减排技术动机的作用。研究结果表明,在存在污染税的情况下,环境监管策略并不影响企业采纳新减排技术。许士春等(2012)对污染税、可交易污染许可、污染排放标准与减排补贴进行实证分析,发现充分遵守污染排放标准最优、不充分遵守次之、污染税与减排补贴第三、可交易污染许可最差。在减排框架内对比分析研发补贴与合作研发这两种技术政策的社会福利效应,结果显示合作政策的社会福利比补贴政策的社会福利更大。

4.3 基于行业低碳领先的价值创造路径

4.3.1 国外行业低碳发展的情况

国际社会高度重视行业低碳化。根据相关研究报告,除了在能源利用方面推进可再生能源利用以及提高能效等措施外,低碳行业的发展还涉及资源的循环利用、环境设计和绿色技术研发等。

为了实现制造业的低碳化发展,美国政府颁布了《清洁空气法案》,加强了碳核算、碳信息披露、碳经济和金融、碳国际合作等方面标准和政策的制定。在绿色金融方面,美国出台了清洁能源项目和先进技术汽车生产贷款计划。

在国际合作方面，美国制定了碳边境调节机制，加强与欧盟等国家的合作。美国很多行业借助绿色政策实现了低碳转型和低碳发展。比如钢铁动力公司（Steel Dynamics），该公司是美国最大的钢铁生产商和金属回收商之一。2020 年，该公司从美国银行获得了 4 亿美元的绿色贷款，这是美国钢铁行业的第一笔绿色贷款。利用这笔绿色贷款，公司为其位于得克萨斯州的新电弧炉扁轧钢厂提供资金，支持使用可再生能源和回收的废钢生产低碳钢产品。此外，苹果公司也于 2016 年发行了 15 亿美元的绿色债券，这是当时美国公司发行的最大绿色债券。苹果公司将债券收益用于资助各种环境项目，例如可再生能源、能源效率、绿色建筑和回收利用。

2023 年 3 月，欧盟针对绿色低碳转型议题排满了日程，3 月 9 日欧盟委员会、欧盟理事会和欧洲议会采用“三方会谈”就加强欧盟能源效率指令达成临时协议，3 月 16 日欧盟委员会提出《净零工业法案》和《关键原材料法案》，3 月 28 日欧盟理事会达成政治协议后同意将成员国自愿减少 15％的天然气需求目标延长 1 年。《净零工业法案》提出，将通过多种政策组合大幅提升光伏、风电、电池、电解槽、热泵、智能电网、碳捕集与封存等战略性净零技术的本土制造能力。欧盟的不同行业在政策的支持下，正在逐步向低碳化转型，实现能源革命和低碳发展。

4.3.2　我国行业低碳地区试点

为充分调动各地积极性，并为不同区域减排积累经验，2010 年 7 月国家发展改革委发布了《国家发展改革委关于开展低碳省区和低碳城市试点工作的通知》，提出首先在广东、辽宁、湖北、陕西、云南五省和天津、重庆、深圳、厦门、杭州、南昌、贵阳、保定八个城市开展试点工作。低碳地区试点对我国的启示并不只是实现碳排放量的削减，而是要通过试点来探索我国的发展模式，找到行之有效的、可持续发展的削减方式，并取得可以在较大区域推广使用的经验。在试点期间，参试区积极推动低碳省（市）建设工作，并在实践中获得了不少成功经验，比如广东和南昌基本上摸索出一套发展模式，即着力形成以低碳产业为主线，以低碳技术支持低碳能源、低碳交通、低碳建筑、低碳生活的新模式。即将进入后工业化的深圳选择大力发展以生物、新能源、互联网为核心的新兴产业，而欠发达地区的南昌则选择以光伏光电、汽车及其零配件、航空器材及其零配件、生物与新医药、软件生产与服务外包为支撑的五大产业，希望通过低碳赶超之路获得跨越式发展（包广清 等，2023）。这些地方的创新经验为其他同类地区提供了很好的范例，值得我们参考与借鉴。戴嵘等（2015）也发现低碳试点取得了显著且持续性的成效，可以总结试点地区的成功经验，以供其他地区参考和借鉴。

由于我国政府对低碳试点区会给予一定的低碳发展优惠政策，而处于低碳试点区的企业则需要抓住这些机会，通过满足相关政策的要求，获得政府补贴或者类似于政府补贴的其他类型收益，从而实现企业价值创造。

4.3.3 我国行业低碳领先对企业价值的促进作用

近年来，很多企业在"双碳"政策下显示出自己在碳排放转型中的领先作用，所拥有的核心能力为其在和同行业企业竞争时取得强有力的优势。如中国石化集团南京化学工业有限公司（南化公司）负责工艺包开发，中石化石油工程建设有限公司负责工程设计，全国最大的年产 15 万吨燃煤电厂烟气二氧化碳捕集工程运行后，碳捕集率超过了预期，达到了全国最高的碳捕集工程设计水平，在竞争中遥遥领先并产生了丰厚回报。南化公司与全国科研院所和高等院校等进行了近百场碳捕集技术交流，积极推动碳捕集技术得到更加广泛的应用，力争为实现"双碳"奋斗目标做出贡献。在高技术制造业方面，联想集团作为一个标杆企业，发挥了自己的标杆作用，推动了整个产业链的"零碳之路"。联想集团通过自己的努力，让产业链中的所有企业都能降低污染，并积极输出技术、服务和解决方案，帮助各行各业实现绿色、低碳的转型。现在，数据中心正逐渐成为能源消耗的主要来源。随着全社会对数据和计算能力需求的不断增加，我国数据中心每年的用电量比三峡水库每年的发电量还要多。以"硬"技术为代表的自主研发的"温控"技术是目前节能降耗最有效的方法，联想集团的这一节能减排方法连续三年被列入工信部发布的《国家绿色数据中心先进适用技术产品目录》。联想集团的热水式水冷系统可以将数据中心 PUE 值（评价数据中心能源效率的指标，是数据中心消耗的所有能源与 IT 负载消耗的能源的比值）降低到 1.1 以内，帮助数据中心节省超过 40%以上的能耗成本，能源再利用效率达到了业界领先水平，提升了企业价值。

4.4 基于行业碳壁垒的价值创造路径

近年来，伴随着国家间的发展权与低碳主导权博弈的加剧，再加上高增长发展能力之间的实际落差，碳壁垒或许会成为我国国际贸易中的常态化难题，许多外向型企业已遭受或者将要遭受巨大亏损。同时，在发达国家"再工业化"战略推动下，我国出口贸易结构也将进一步优化升级，出口市场更加多元化，贸易方式更为灵活多变。这就要求我们必须加快转变外贸增长方式，大力发展低碳产业。所以，如何主动迎接国际碳壁垒的挑战，利用这一机遇大力提高我国绿色发展能力和增强国际竞争力是许多外向型企业十分关注和迫切需要解决的问题。

4.4.1　优化贸易结构和促进多地贸易

鉴于我国贸易结构不尽合理，必须加强外贸结构调整与转型升级，减少高能耗、高碳排放商品出口占比，逐步提高低碳排放、高新技术商品出口占比，以增加出口商品附加值与低碳竞争力，促进低碳贸易发展。另外，我国主要外贸伙伴高度聚集在欧盟、美国、日本等发达国家中，既面临着外贸波动风险较大的问题，也加大了碳壁垒发生的概率，因此有必要开拓拉美、非洲等新兴市场以增强外贸领域的风险抵御能力，与此同时，应着力培育与发展国内市场并通过多元化市场策略来切实减轻发达国家碳壁垒带来的压力。

4.4.2　主动应对碳壁垒问题

一方面，通过积极参与气候变化国际谈判和广泛开展对外合作等方式，不断综合运用经济、政治和法律等多种手段提升我国应对气候变化的话语权，积极参与气候变化的国际研究工作，大力推动气候谈判的国际进程，促进公正合理的国际气候制度的确立。同时要进一步完善国内政策环境，为加快发展中国家低碳经济营造良好的外部环境。特别是要加大节能减排力度，大力促进新能源产业和清洁能源利用的快速健康发展；大力发展循环经济，建设节约型社会。另一方面，企业增强对国际相关制度新发展的认识和跟踪，主动参与国际碳标签、碳认证等国际相关制度和标准的建立，强化国际合作，以引进技术或者科技攻关来突破技术壁垒，继续缩短与国际先进技术之间的距离。

4.4.3　政策支持创造良好的成长环境

建立有利于企业可持续发展的制度和机制，并进一步建立和完善低碳相关法规和标准等低碳配套制度，使其逐步与世界接轨。出台多项支持政策以增强企业发展积极性，采取创新财政补贴等措施激励企业淘汰落后产能、提高能源利用效率以及加大技术攻关和清洁能源开发利用力度。研究制定有利于可持续发展的技术，通过产业升级、工艺改进、技术革新和结构优化，指导企业节能减碳并探索可持续生产排放技术途径。完善碳税征收制度，制定合理的税率水平；加大财政转移支付力度，增强对企业低碳发展的激励作用。强化税收优惠政策实施效果的监督检查工作，促进政策落实到位。培育一批大型生产示范企业并进行试点，指导企业转变传统运营模式，结合国内先进做法与国际成功经验构建生产过程中的能源消耗管理机制，实现低碳管理早干预、早作为、早获益。

4.4.4 市场机制实现可持续转型

通过建立健全相关产业和产品碳排放标准体系、提高市场准入门槛等措施，鼓励低能耗、低排放企业或者产品进入市场，加快推进高能耗、高排放企业或者产品的淘汰与替代。通过积极推行碳排放权交易试点、有序开展温室气体自愿减排工程、加快国家碳交易市场发展步伐等措施，促进企业谋划产业投资布局、提前准备进入碳市场，激励企业主动参与碳交易活动、运用交易机制最小化减排成本。在此基础上，制定合理有效的激励政策，激发广大消费者参与低碳生活的积极性；采取经济刺激与舆论宣传相结合的多重方式，强化企业的社会责任意识；提倡低碳产品与服务消费，增加政府与有关机构低碳采购；塑造绿色低碳产品与企业形象，提升企业价值。

4.5 基于环保团体认可度提升的价值创造路径

民间环保组织是环境保护中一支不可忽视的力量。它不仅能推动我国环境科学理论研究的发展，而且也能促进政府部门对污染进行治理。既可以解决经济问题，又可以保护环境。民间环保组织一端与民众相连，另一端与政府相连，发挥了难以估量的重要作用，它是环保部门由孤军奋战转变为发动群众参与的一种最佳形式，可以提升企业的价值。

4.5.1 国外环保团体的发展

国外对环保社会组织的研究较为成熟，许多学者对环保非政府组织从概念、发展和与各国关系三个角度做了深入解析，同时也对环保非政府组织介入国际环境事务发展的趋势做了描述。英国、美国对环境组织的研究多集中于政治认同与发展策略，如朱迪·丽丝(2002)就英国和美国环保团体活动策略做过深入考察，结果表明环保团体合作有助于发挥特长，在政治上更易获得合法性认同。同一项研究表明，现今美国环保组织在策略上已经发生了改变，趋向于同企业和政府互相合作，寻求更为有效的方法来解决环境问题，这已经是环保组织一项重要的新策略(Eikeland,1994)。

4.5.2　国内环保团体的发展

20 世纪 90 年代中期后，我国民间环保组织得到快速发展，形成中国大地的“环保大潮”。和其他方兴未艾的民间组织一样，环保组织在我国经济和社会发展过程中的成长同样离不开我国的实际情况。经济改革和推行打破了社会发展一体化的原有格局，市场经济的稳定发展使民间社会广泛吸收各种社会资源成为可能，而政府也开始认识到对社会事务的过度承接不仅加大了治理成本投入，而且也严重影响了工作实践效率。因此，随着职能转变和机构改革的推行，我国政府在许多社会领域中开始选择性退出。这些“让渡”的职能空间，不可避免地要求社会群体来承担。因此，需要对现有的体制进行变革，以适应市场经济体制下多元主体参与的要求。在此背景之下，非政府组织应运而生，为解决这一问题提供了一个新的思路。作为政府抉择的结果，民间组织应运而生。于是，政府逐渐将重心转向对民间力量的培育上来。但是，有研究发现，虽然我国民间环保组织实力越来越强、影响力越来越大，但我国民间环保组织仍受政府的制约。

民间环保组织作为一种新型的非营利组织迅速崛起，成为推动我国生态文明建设的一支生力军。与此同时，随着现代化进程日益加速，我国社会也日益呈现出多元化特点，社会群体对公共物品和服务的要求在一定程度上只能由民间组织来完全满足，所以从这个意义上说，民间组织的发展是一种社会选择。但无论是“政府选择”或“社会选择”，均有局限性。近十年来，环保民间组织在营造环境保护氛围、解决社会矛盾、反映公众诉求、协助政府制定与环境相关的法律法规和政策标准、对政府执法进行监督，以及推动民间环境交流与合作平台建设等方面，均起到了显著而积极的影响。

4.5.3　企业和环保团体的合作互动

环保组织积极地开展同企业的环保合作，源于环境保护的根本要求。在我国当前的社会背景下，这种合作具有重要的现实意义和历史意义。特别是在“工业化”渐渐为生态环境留下更多“伤痕”的今天，企业和环境之间的关系必然会成为民间环保组织重点关注的领域。但各民间环保组织的重视程度各不相同，重视企业的类型也各不相同，所以采用的方法也各不相同。以环保组织为例，其重点在于关注市场经济发展中生产者和消费者在环境保护基础上表现出的动态关系。因此，它鼓励生产者和“企业”在最初的时候，生产出更多的绿色、节能的产品，并鼓励消费者转变自己的生活方式，积极地使用环保产品,从而从整个市场的角度来解决环境问题。

除此之外,在企业资助环保团体的过程中,企业形象也得到了宣传。世界自然基金会(WWF)在寻求全球自然保护伙伴方面具有很好的参考价值,WWF和宜家在2002年6月开始了合作,WWF主张通过FSC森林认证来促进林产品公司改进其木材来源标准。而宜家作为全球最大的家具零售商,正努力改善其木材来源的标准,保证产品的原材料从管理良好的森林中获得。在这一过程中,WWF和宜家之间形成一种长期的伙伴关系,双方通过共同研究来解决森林问题,从而实现双赢。

4.6 基于社会良好形象的价值创造路径

4.6.1 外部社会收益理论

能更好地阐释以良好社会形象为基础的价值创造途径的理论就是外部社会收益理论。对项目外部社会效益及社会成本(费用)进行分析,是项目宏观经济评价中最根本的组成部分。对项目进行宏观经济评价相对于对工程进行财务评价而言,是从宏观角度审视项目发生对宏观经济所产生的净效益,从而对项目可行性进行评估判断,使社会资源得到合理配置、宏观经济得以持续发展。项目外部社会效益由直接效益与间接效益两部分组成。项目的经济效果主要包括两个方面:一是通过投入获得的经济回报;二是通过使用或消耗资源取得的经济回报。前者指项目产出物所创造的、以项目为范围计算出来的经济效益;后者也称外部效益,即项目所造成的、对宏观经济具有净效益但又不能直接体现于项目的外部社会效益。

良好的低碳形象会更加有利于我国产品的出口,有利于拓宽销售市场,也有利于吸引更多的低碳企业在我国投资。从宏观上来看,良好的低碳形象可以促进我国经济的飞速发展,有利于增加我国的税收收入。在国际政治上,良好的低碳形象可以有利于我国树立更高的威信,增强我国在国际政治上的话语权。从人类的长久发展来看,良好的低碳形象可以有效防止气温不断飙升,有利于人类的长远发展。良好的低碳形象还可以更好地吸引国际人才来我国定居,让我国成为世界上比较宜居的国家。

4.6.2 社会良好形象对价值创造的影响

企业实施低碳行为可以给利益相关者间接带来收益,这一价值有利于信任关系的建立，比如绿色声誉和绿色口碑的建立。企业要重视非经济利益，建立长远的价值导向，如改变非低碳生产线、采用可回收易降解材料、建立并完善产品报废与回收流程、从上至下推广企业内的低碳文化、激励员工的低碳绿色行为、塑造低碳品牌形象等。在社会上树立良好的形象有助于提高产品的品牌价值。企业若勇于承担且履行其社会责任，并能根据环保要求来安排生产和管理，就一定能获得社会赏识和认同，进而能有效地提升其品牌价值。拥有社会良好形象的企业可以增强消费者的购买意愿和信心，使得消费者在进行消费选择时更加关注产品的品质以及性能等方面的信息。从现实来看，目前市场上的知名品牌绝大部分能较好地完成其环保职责，并借助其环保优势促进其品牌创建。良好的社会形象有助于进一步开拓市场，低碳化发展有助于推动全球经济可持续发展。目前欧美各国乃至于东南亚发展中国家均以高环保标准限制进口以保护其产品，尤其美国以立法的形式准许开征碳关税，若企业未能切实履行其社会责任，将很难进入国际市场。因此，企业拥有良好的低碳形象时，会拥有更为广阔的市场，从而提升企业价值。

第5章 市场层面企业价值创造路径研究

5.1 市场层面利益相关者与企业市场价值的对应关系

5.1.1 企业市场价值的衡量

企业市场价值是企业的使用价值与交换价值，是企业在市场上进行评估、合资、兼并、收购、上市、交易时的价格。企业市场价值能够综合反映企业的核心资产、创新能力、竞争优势与经营业绩（李新翠，2001）。企业市场价值是市场经济的产物，简单来说，也是一个企业在市场上表现出来的价值。对企业市场价值的界定需要满足两个条件：一是要具备完备的交易市场。买卖商品的场所被称为市场，是货物的交易双方被正式组织在一起进行交易的地方。依据交易市场的不同，企业价值的表现形式是不同的。二是交易市场中具有公允价值反应机制。不同的交易市场，企业价值的体现机制也不一样，作用原理也不同，但企业市场价值总体表现为企业现有资产的账面价值与市场溢价之和。因此，企业市场价值取决于企业运营创造利润的能力与已有资产的市场溢价。这样，企业市场价值可用式(5-1)进行表示。

$$V_1 = V_3 + \text{Premium} \tag{5-1}$$

式中，V_1代表现有“已到位”资产的市场价值，可用传统现金流量折现法进行计算；V_3代表已有资产的账面价值；Premium 代表已有资产的市场溢价。具体如图 5-1 所示。

5.1.2 市场层面利益相关者与企业市场价值实现路径

在“双碳”目标背景下，企业市场层面的利益相关者与 Post(2002)的研究

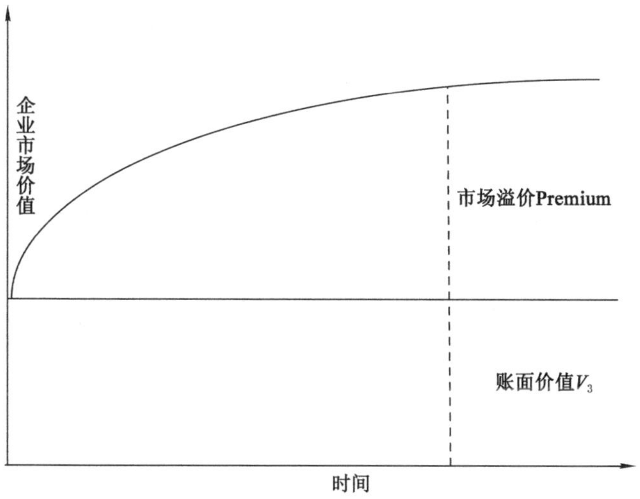

图 5-1　企业市场价值构成图

略有不同。Post 认为，市场层面的利益相关者是介于企业与社会政治层面的中间层次利益相关者，由消费者、供应商、竞争者、潜在新进入者等构成。这种对市场层面利益相关者的分类方法是按照产品市场进行分类的，以产品产业链与行业竞争作为市场层面的利益相关者。但在低碳经济时代，除了产品市场之外，还存在资本市场、并购市场与碳排放权交易市场。因此，除了产品市场利益相关主体（消费者、分销商、供应商、竞争者）之外，还包括资本市场主体、并购市场主体与碳排放权交易市场主体。对应这些市场层面利益相关者主体，本部分主要研究企业如何通过市场层面利益相关主体实现低碳价值创造，研究思路如图 5-2 所示。具体研究内容包括：

① 产品市场基于消费者认同的价值创造路径：主要研究消费者（或分销商）对企业低碳经营的认同所导致的企业价值创造，具体包括消费者对低碳品牌认同的价值创造、消费者善因认同的价值创造、消费者内在道德认同的价值创造。

② 产品市场基于供应商认同的价值创造路径：主要研究低碳供应链中采购环节的价值创造路径，具体为低碳供应商选择的价值创造、供应商协同低碳化的价值创造、供应商认同的采购成本（时间）节约。

③ 资本市场基于低碳商誉的价值创造路径：主要研究低碳经营的企业在

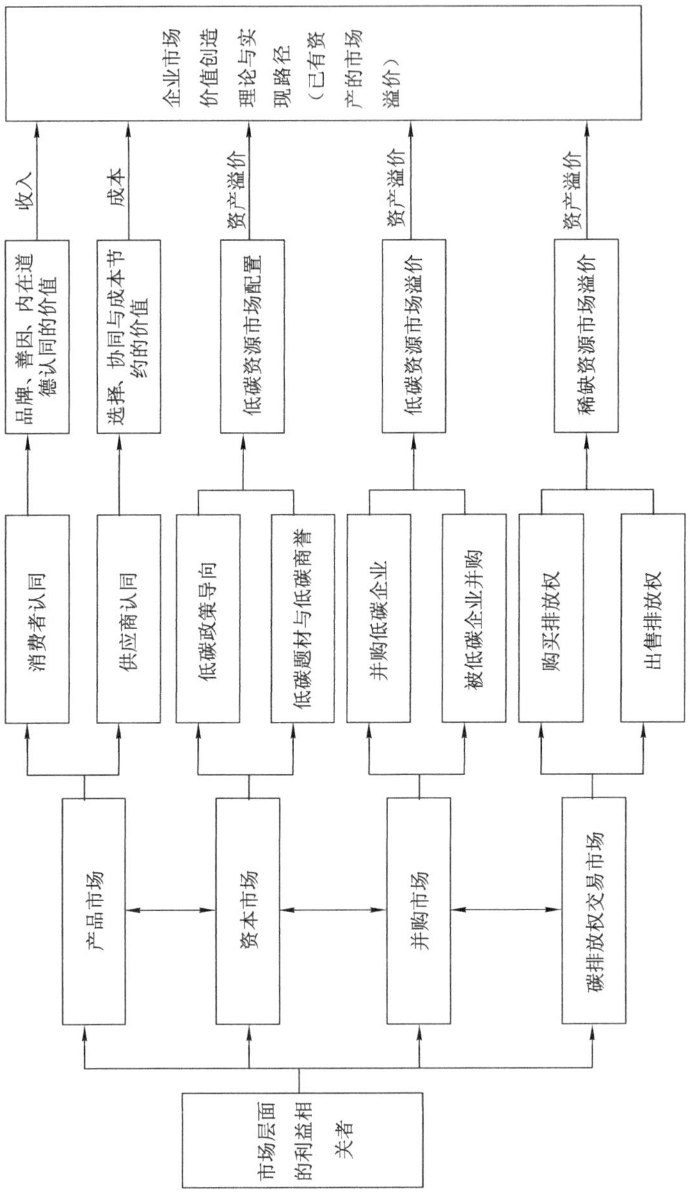

图5-2 市场层面企业市场价值创造路径

资本市场的价值创造路径，具体为基于政府低碳政策导向的市场价值增值、基于低碳概念的市场价值增值、基于低碳商誉积累的市场价值增值。

④ 并购市场基于低碳并购的价值创造路径：主要研究在并购市场中通过低碳并购与被并购所产生的价值创造路径，具体为并购低碳企业产生的价值增值、被并购低碳企业产生的价值增值、不同低碳并购类型的价值创造模式。

⑤ 碳排放权交易市场基于低碳经营的价值创造路径：主要研究在碳排放权交易市场中，低碳经营企业可以获得的短期与长期的价值创造路径，具体为低碳经营企业的实物期权价值创造、低碳经营企业短期价值创造、低碳经营企业长期价值创造。

5.2　产品市场基于消费者认同的价值创造路径

5.2.1　产品市场的消费者认同

消费者的认同对品牌产品的购买意愿具有显著的积极影响。在消费者对企业产生信任的阶段，企业的社会责任表现会产生影响。只有企业积极履行对消费者的社会责任，才能打造获得消费者认同的品牌(孙小丽，2019)。当下，经济全球化已成为不可逆转之势，伴随消费主义的盛行，消费者的消费观念相差巨大。追求奢侈和信用消费已经成为消费常态，消费认同也无处不在。当消费者接受了企业商品中所包含的低碳环保理念，那么消费也就成为具有交流意义的低碳象征消费。

消费早已不仅仅是为了满足自己需求而进行的交易活动，而是变成了一种象征，表现出社会群体对自我社会地位与价值观念的追寻与认同。当消费者形成低碳环保认同时，就会对认同的企业低碳产品产生特殊期待，这无疑会鼓励消费者进行消费。当消费者对低碳企业产生品牌认同时，意味着消费者的身份地位与价值观念与该企业相匹配，消费者愿意对认同品牌付出信任，像维护自身荣誉一样维护这个品牌，偏向购买该品牌的产品。当消费者对低碳经营企业的善因营销产生认同时，消费者不会再质疑企业行为只是为了掩盖在生产经营过程中对环境的破坏和对资源的浪费。为了支持自我价值观的实现，也为了满足对自我的认同，产生善因认同的消费者必然会对该低碳经营企业的产品具有更强烈的购买意愿。当消费者对低碳经营企业产生道德认同时，这代表存在于消费者内心的道德规范与企业外在的行为表现存在一致性。当消费者感受到了具有利他动机倾向的企业营销行为时，出于实现内心道德规范的需求，消费者会青睐于该低碳经营企业生产的产品。

本书在消费者认同作用分析的基础上，试图从品牌认同、善因认同、内在道德认同这三个角度来分析消费者如何影响企业低碳价值创造，以及企业如何通过消费者进行低碳价值创造。

5.2.2 消费者对低碳品牌认同的价值创造

从企业品牌经营角度看，践行"碳中和"理念既是对国家号召的积极响应，也是赢得消费者好感的重要举措。英国咨询机构碳信托的一项调查显示，在欧洲 10 000 名消费者的调研数据中，有三分之二的消费者支持给产品打上"碳标签"。就我国情况而言，《中国对可持续包装的态度(2020)》显示，我国消费者越来越拥有环保意识。除了废物利用外，消费者也会因为考虑到保护环境而改变消费和生活习惯。同时，消费者慢慢开始将可持续性作为购买时的考虑因素，大部分的消费者愿意花费更多来支持并购买可持续产品。因此，市场对可持续产品的需求也以较高的速度保持增长。

对企业有较高品牌认同的消费者通过购买低碳环保产品或者是参与低碳环保活动等维持对所认同品牌的归属感。与此同时，消费者购买认同品牌的产品以及参与低碳环保活动可以满足精神需求，获得充实感与满足感。

5.2.3 消费者善因认同的价值创造

通过对消费者购买意愿反馈的总结，企业可以根据不同的需求进行不同方式的低碳善因营销。对于消费者的感知过程，企业可以释放更多绿色低碳生产的信息；对于善因营销，企业可以改变传统宣传方式，力求在销售中的每一环节都最大限度地减少资源耗费，降低对社会环境的污染；在选择合作机构方面，企业需要注重挑选与自身品牌概念相契合的环保机构进行合作，让消费者对企业产生更大的善因认同，达到善因认同放大对消费者作用的最终目的。

消费者的善因认同无疑会增加其消费企业产品或服务的愿望，但是消费者认同需要经历一个完整的心理过程，并非直接对消费行为产生作用。所以，企业不能只顾眼前的利益，应当注重长期的发展，建立良好的企业形象，主动承担社会责任，践行低碳环保理念，积极投入善因事业以及寻找与自身品牌相契合的环保合作方。此外，企业可以加强善因活动的宣传工作管理，比如对与环保组织合作开展的低碳环保行动，企业可以开辟新思路，大胆创新，采用符合低碳理念的方式进行宣传。

5.2.4　消费者内在道德认同的价值创造

那么,如何基于消费者的低碳道德认同为企业创造价值呢?企业可以通过广告向消费者宣传自产的低碳产品生产链。所谓广告,是以迎合消费者需求为基础的促进消费者产生购买意愿的信息。企业在做低碳绿色产品宣传时,既可以突出自身的低碳环保属性,也可以着重强调低碳产品给大自然以及消费者带来的好处。比如说低能耗、低排放、低污染的变频空调可以以“一晚上只耗一度电”作为宣传用语,这样既表明低碳产品的环保低能耗,也表明变频空调能为消费者带来实际利益。也就是说,不仅能吸引具有高内在道德认同、具有利他动机的消费者,还能吸引仅具有利己动机的消费者,为企业创造价值。

附带低碳环保的环境信息披露也能对消费者产生影响。具体来说,显示利己动机倾向的环境信息披露既可以吸引以自身考虑优先、注重提升自我的消费者,也可以吸引善于为他人考虑、追求超越自我价值的消费者。而显示利他动机倾向的环境信息披露无法吸引以利己思想为重心、注重提升自我的消费者,仅能吸引以利他思想为重心、追求超越自我价值的消费者。同样的,内在道德认同只能对显示利他动机倾向宣传的低碳环保产品产生作用,而对于显示利己动机倾向宣传的低碳产品影响不大。因为内在道德认同只会影响与之相应的道德动机行为,至于道德认同的强烈程度本身并不会影响消费者的利己动机,进而也就不会对进行利己动机宣传的低碳产品反馈产生影响。

5.3　产品市场基于供应商认同的价值创造路径

5.3.1　低碳供应商选择的价值创造

(1) 低碳供应链的作用原理

低碳经济是指在政府指引、财政支持、政策规制、市场激励等作用下使得企业积极致力于开发低碳技术与产品、转变整体的经济结构,构建出的低能耗和高能效的绿色可持续发展模式(金乐琴 等,2009)。企业处于自由的市场经济环境中,免不了和其他企业共处于供应链系统中,供应链竞争已经渐渐成为企业竞争的核心。在目前的供应链竞争中,选择合适的合作伙伴尤为重要,企业开始关注供应商的选择问题。近年来,自然生态环境受到严重破坏,能源短缺愈发严重,人们越来越关注碳排放这个议题。而碳排放无非就是在现代经济生活中从原材料采购到产品完全生产出来的全过程。在供应链条上,每个环节在生产经营过程中的碳排放量都会对整体的排放量产生影响。对于倡导的低碳经济发展模式,供应链伙伴选择的问题能否得到及时解决就显得至关重要。

目前,关于与低碳发展概念紧密相连的供应链研究仍然处于起步阶段,主要聚焦于以下三个角度的研究(Seuring et al.,2008)。第一个角度是低碳经济发展模式下运输方式的选择(Hoen et al.,2014)。第二个角度是企业如何进行生产决策(Chen et al.,2013)。第三个角度是有关供应链的碳足迹分布研究。从运输"降碳"方式来看,经调整后的合理运输方式将会极大地减少碳的排放。Hoen 等(2014)创新性地将碳排放量规制与碳排放成本放入对供应链企业如何选择运输方式的研究中,但是供应链的组成成员和他们的商业合作以及供应链的空间结构常常是处于动态变化之中的。从生产决策角度来看,我们可以通过优化模型对碳数据进行分析,讨论以企业运营策略的改变来减少碳排放量,研究订货批量、碳排放以及边际成本相互间的关系,争取在采购环节以及企业预生产阶段减少碳排放(Chen et al.,2013)。从碳足迹的分布角度看,如果能够分析到供应链中的碳排放足迹,接着再细化到各组成企业,将有利于碳排放的优化管理。即明确各组成企业碳减排的社会责任,使得碳减排形成最优分布。

已有对低碳供应链的研究主要集中于选择供应链物流运输、企业生产决策以及供应链的碳足迹记录,但是对供应商的选择、供应商协同价值创造、采购成本问题等还是研究的比较少。

(2) 低碳供应商选择的价值创造作用

低碳经济无疑会对供应链运营带来较大的影响(刘荣娟 等,2014),并且对企业价值创造同样产生很大的影响作用。

一方面,低碳供应商的选择有助于节约成本。企业作为社会因子,不能仅仅追求自身利益最大化,而且需要承担环保减排的社会责任。因此,企业在选择供应商时不能仅考虑经济成本,还要考察该供应商的碳排放是否达标。也就是说,企业需要在考虑碳排放达标的前提下达到经济效益最大化。而供应链整体效益在新的低碳经济发展模式下,自然而然也就有了新的含义,即在减少碳排放的基础上达成经济效益。企业的低碳采购可以有效减少企业处理污染成本、缓解外部责任风险、减少对自然环境的过度消耗或破坏。所以,企业的低碳采购活动可以说是缓解人类与自然紧张关系的出发点,企业采购的低碳环保程度对整条供应链的环境绩效提升有着直接的联系。企业实现低碳采购的途径就是选择低碳供应商，在此基础上，企业也能进一步提高环境绩效。但是，供应商的选择不能仅凭经营者的主观判断，而是需要一些科学的方法（王先庆 等，2011）。当下，国家大力推行低碳经济，因此明确合理选择低碳供应商的方法将会显得更有必要。现代企业更加倾向于运用较为合理的定量方式进行低碳供应商的选择。同时，在实践中，还需要考虑企业环境管理战略（Noci，1997）与其他环境因素的影响。

另一方面，低碳供应商的选择有助于获得消费者认可。随着低碳理念的普及，低碳革命浪潮已然导致企业外部市场环境渐渐改变。一些发达国家已经针对进口商品提出强制性碳关税，消费者也更愿意购买低碳环保产品。所以，企业是否能够实现全生产链低碳化将会是企业竞争力的关键。而低碳供应商的选择是低碳化生产的起点，他们供应的原材料或者是代加工的半成品对企业产品以及服务会产生减排的影响。在现有的供应商选择方法中，大多是在企业管理层给定的初始偏好的前提下进行进一步的决策，但是缺乏对于决策者在不同经历背景等造成分歧的考虑。我们可以在研究中建立基于企业社会责任的供应商评价指标体系，在满足独立性、可比性、系统性、动态性的基础上量化评价低碳供应商（王先庆 等，2011）。要合理运用共识决策，缓解碳排放信息不对称以及评价主观性等问题，科学选择低碳供应商（程发新 等，2012）。

5.3.2　供应商协同低碳化的价值创造

从知识创新的角度来说，低碳供应链也是低碳知识供应链，它囊括了节能减排的所有低碳知识，比如碳减排技术创新、企业内部低碳环保管理经验、碳标准衡量等（巩永华 等，2015）。处于同一条供应链上的企业拥有不同基础的低碳知识，因此企业之间可以互相合作协调，利用技术资源以及能力共同进行低碳技术创新，寻求未来更广阔的发展机遇。供应商之间形成知识协同是指在供应链各合作企业之间的知识转移、运用与再创新（巩永华 等，2015）。

供应商之间达成的收益共享契约是实现供应商协同低碳化的有效途径之一。收益共享契约可以运用在预算约束中，并且在供应链协调的各个阶段都能发挥有效作用（Moon et al.，2015）。供应链协调基于收益共享契约能够得到帕累托改进（Hu et al.，2016）。而当收益共享契约与收益相联系时，会优于与收益无联系的共享契约，这一点在收益发生变动期间尤为显著。

随着全球气候的日益恶化，供应商协调的低碳化问题也越来越受到广泛关注。在不同的碳排放政策中，碳排放权交易机制是减少供应链协调低碳化的最有效路径（Yang et al.，2014）。当供应链协调处于碳排放交易机制之下时，企业需要做到成本共享以及处理采购批发价，设计企业合作合同，从而达到帕累托最优(Xu et al.,2017)。针对企业的不同销售渠道以及不同消费者对低碳环保产品的偏好，企业需要制订相应的低碳减排举措方案。在此，生产商与销售方协同减排是可行的(Ji et al.,2017)。

5.3.3 供应商认同的采购成本(时间)节约

所谓的企业低碳供应链，是指在企业的整条供应链中融入绿色低碳意识，包括原材料的购买规划、采购、生产、物料运输、销售、回收等系统运作的全过程。企业低碳供应链应满足对供应链上的所有成员都尽可能造成最小负面影响和尽可能高效率地利用资源的要求，以达到整体供应链的经济效益与社会效益最大化。供应链管理一般分为五个部分，即规划、采购、生产、交易、回收，本部分主要讨论供应商认同带来的采购成本节约。

当下，企业开始强调建立并维护与供应商的长期利益关系，企业采购环节越来越受到重视。通常来说，供应商之间存在着一定的竞争关系，企业在选择供应商时，能否先考虑“降碳”的环境问题后考虑企业的采购成本问题，或者说企业能否更加看重长远利益而较少地考虑短期利益，从而更加科学地选择低碳供应商。企业与供应商的相互依赖关系是企业生产环节的一个重要组成部分，可以有利于企业价值的提升。当低碳经营企业取得低碳供应商认同且与供应商达成良好合作伙伴关系时，企业可以以更低的成本获得低碳的原材料，最终以更低的成本生产出低碳产品，从而有利于企业获得竞争优势。

5.4 资本市场基于低碳商誉的价值创造路径

资本市场是实现资源优化配置的主要方式之一，也是低碳企业实现价值创造的重要方式。一般来说，产品市场价值会驱动资本市场价值，但并不是唯一驱动力。实践中，有不少新能源上市公司自身的产品还没有生产出来，但企业在资本市场中的市值已经非常高了。因此，低碳企业在资本市场上的增值是企业价值创造的重要来源之一。

企业通过顺应政府低碳发展政策导向在市场中树立低碳发展的形象，从而获得资本市场的价值增值。快速响应政府低碳政策的企业，在资本市场会获得投资者的认同。能够迎合政府政策导向的上市公司会受到市场投资者的追捧，产生很大的市场溢价。比如，2022 年 4 月，我国支持“大基建”等政策出台后，受到政策直接与间接影响的上市公司的市场价值都有了很大的提升。

同样,“双碳”目标是我国中长期发展政策,顺应“双碳”政策进行发展的企业在未来的时间内能够获得相当的收益,因为投资者看好其发展前景,其市值在资本市场上也会相应产生足够大的溢价。

5.4.1　基于低碳概念的市场价值增值

(1) 概念题材对企业市场价值的影响

活跃于我国资本市场的投资者似乎总是倾心于追逐新鲜题材、新兴概念。由此,股票市场上出现了一波又一波的“概念股”。与公司业绩支持的普通股相比,概念股基于一个主题或故事来吸引大量资本,通过汇集资本来提升股价。正确投资的概念股往往可以在短时间内赚取丰厚利润。投资者对待概念股就像对待彩票一般,希望能在相当短的时间内获得大量财富。但是,投资者往往只是选择性地注意彩票的高回报,对于低概率却视而不见。所以,很少有人真正得到收益。在当下市场中,哪些人群会对这些概念股给予特别关注呢?大量文献向我们论证了博弈偏好的人群热衷于追逐概念股。博弈偏好人群是指热衷于以小概率事件博取高收益的人群(罗党论 等,2021)。

尽管概念股广受追捧,但概念的产生并不是无凭无据的。机构投资者是比较成熟的投资者,他们应该纠正不成熟投资者造成的不合理价格。监管机构相信,理性的机构投资者有望成为抵消个人投资者偏好、减少市场投机的稳定力量。因此,监管机构对机构投资者抱着很大的期望,并促进其大力发展。然而,我国股市的机构投资者不仅没有消除各种投机行为,甚至可能成了投机分子的一部分,也会去投资市场上风险较高的概念股。作为理性投资者,机构投资者可能出于“股市泡沫骑乘”动机来制造概念并参与投机。“泡沫骑乘”一般是指在价格上涨时继续买入高估值的股票,在泡沫破裂之前卖出以获取收益(刘艺林 等,2021)。博弈偏好越严重的机构投资者,越有可能会买入“泡沫”股票,获得高额利润(陆蓉,2021)。机构投资者与个人投资者不同,能够恰当把握概念股买卖时机。此外,机构投资者的博弈偏好存在很大的差别。长期机构对概念股基本持否定态度,短期机构却会狂热追逐概念股。

(2) 低碳题材对企业市场价值创造的影响

低碳题材股指的是以低能耗、低排放、低污染为基础的并具有突发事件或特有现象的一类股票。企业通过树立低碳发展的概念,成为低碳概念股,在市场交易中获得更多的价值增值。与“双碳”相关的短期投机特征非常明显,许多概念股在较短时间内出现股价翻倍的情况。很多对于个股的估值不仅很大程度上高于所处行业的平均线水准,而且股票价格也显然脱离了基本面。这一现象不仅仅体现了A股市场具有一定的投机性，而且也体现了投资者对“双碳”概念股的长期投资价值缺乏足够的认知。因此，投资者要理性看待“双碳”概念股，既要看到公司的长远发展性，又要意识到短期内可能出现的“市场泡沫”，从而合理地进行投资。

5.4.2 基于低碳商誉积累的市场价值增值

企业之所以愿意积极推动低碳生产经营，一方面是因为政府颁布的环境政策，另一方面也因为市场中的消费者的素质进步与环保意识提升。宏观调控就像是一只看不见的手，能够强制或是鼓励企业从事低碳生产经营。而在微观层面，追求绿色环保的消费者对低碳产品存在偏好，这也促进了企业的低碳并购和企业间的低碳合作。企业可以赢得更多的低碳商誉，从而更容易获得更多的超额价值。因此，企业经营者不得不选择购买环保设备以及技术创新，生产低碳环保型产品与服务。同时，为了迎合消费者不断增长的对低碳产品和服务的偏好，增强自家产品的核心竞争力，供应链上的制造和销售企业开始联合起来。一方面，制造企业通过创新低碳技术、减少企业碳排放来增强产品硬实力。另一方面，为了使消费者真切感知到产品的低碳性能，零售商积极宣传推广低碳产品和服务。如果企业在低碳发展方面积累了良好的商誉，那么会在短期内具有显著的价值增值。零售商对自己产品的低碳宣传不仅能够让市场中的广大消费者了解产品的低碳属性，而且随着时间的流逝，这种对于低碳性能的宣传能够使消费者更加忠诚于低碳产品的品牌，也就形成了所谓的低碳商誉。除此以外，企业的生产经营活动往往会有多个周期的跨度而非局限于某一周期。此时，企业获得的低碳商誉对于企业提高产品销量、增强产品在市场中的竞争力无疑具有更为显著的作用(张子元 等，2019)。

5.5 并购市场基于低碳并购的价值创造路径

并购市场指的是兼并收购市场，可以发生在资本市场中，也可能发生在资本市场之外。在并购市场中取得企业价值增值的主要来源是兼并收购后的协同作用，即“1＋1＞2”的效应。在低碳经济时代，低碳协调发展很可能成为兼并收购后价值增值的重要驱动因素。

5.5.1 并购低碳企业产生的价值增值路径

近年来，资本市场的关注点逐渐转移到绿色、低碳、循环题材的绿色并购。

所谓“绿色并购”，是指以获取或拓展绿色技术、清洁能源、绿色产品与服务等绿色竞争优势为目标的并购，其最终目的是在有效地减少对环境的污染、降低企业未来环境成本的前提下，优化资源配置，增强企业竞争优势，实现经济效益和生态效益的统一（黄维娜 等，2020）。从本质上来说，企业之间的绿色低碳并购和环保投资都是企业绿色投资行为。但与投资周期较长、风险性较大的环保投资相比，绿色低碳并购具有明显的速度优势，能够快速获得标的企业的清洁能源、绿色产品与服务、绿色技术等，推动企业加快实现绿色转型和绿色发展。以并购的方式引进绿色技术，淘汰落后工艺和产能，实现污染企业节能减排和绿色转型，或促进低碳企业实现快速扩张、技术创新和产业升级。这些是落实污染防治和环境保护战略、推进企业加快实现绿色低碳循环发展的重要手段，对生态文明建设也具有重大意义。

并购低碳企业产生的价值增值主要源于两个方面。一方面，并购低碳企业能够获得低碳市场的收益。这部分收益主要来自被并购低碳企业的产品市场价值。很多企业通过并购低碳企业进入朝阳低碳产业，从而获得销售收入的增加。另一方面，并购低碳企业能够获得资本市场的增值。在未来相当长的时间内，低碳产业都是资本追逐的产业，因此低碳资产的溢价会逐步体现在低碳企业的市值中，并购低碳企业能够使主并方企业的市值获得迅速提高。

5.5.2　被低碳企业并购产生的价值增值路径

并购价值能否实现往往需要看并购双方企业的整合程度。被并购企业的高级管理层在这场并购整合中的战略经营、人力资源、企业文化融合等环节起到关键性的作用。对于被并购的低碳企业而言，主要的价值创造就是吸引更多的主并方进行并购，并获得最大化的并购溢价。被并购企业的溢价主要源于两部分，一部分来自被并购低碳企业的运营，还有一部分则来自政府补助与优惠政策。

在低碳企业运营方面，企业的高级管理人员掌握着企业的发展方向、战略方针，他们所做出的每一个决定都对企业整体价值产生着影响。在诸如企业绿色并购等企业大事件中，高级管理人员更是发挥着举足轻重的作用。在低碳并购中，并购企业相比于被并购企业会拥有对于所处行业更加深刻的了解，对于被并购企业的优势与劣势也有清晰的了解。因此，并购企业可能会大幅度调整管理团队，加快实现企业文化、价值观、管理理念等的融合，推动企业之间的资源整合。但是，如果并购方选择涉入新行业而进行收购，那么为了减少相应风险，在被并购企业的高级管理人员持有比较配合的态度的前提下，就会尽可能保留原管理团队。由此也可以避免一些因为高级管理人员流失而导致的被并购企业人力资源以及社会资源的流失。被并购企业的高级管理人员对被并购企业的主要业务越熟悉,就越能在自己的岗位上对企业价值增值发挥重要的作用,减少处于企业高位人员因为不了解企业经营情况而做出浪费企业资源决定的可能性。被并购企业所拥有的优势管理理念、先进清洁技术、绿色资源等,如果能与主并企业更好、更快地融合在一起,就会互惠互利,创造更多的企业价值。

在政府补助与优惠政策方面,政府的宏观调控对市场经济发挥着重要的作用,对于企业并购的重要性也是不言而喻的。在我国,掌握最多社会资源的是政府机关,企业的整体价值以及战略发展会通过各种途径受到政府的强烈影响,比如税收优惠、增放贷款等。因此,得到政府支持的低碳并购可能在政策上获得更多优惠,比如减免税收、财政补贴等,从而提升企业价值。

5.5.3 不同低碳并购类型的价值创造路径

现有的并购效率评价偏重于经济效益,往往容易忽视生态效益和社会效益。当下,我国政府正在大力发展低碳绿色经济,越来越加强对于能源的约束,对于碳排放制约也开始采取强硬的态度。由此,企业需要承担的社会责任开始发生转变,企业的价值取向也要开始向着绿色低碳可持续靠拢。从实际情况来看,各个企业正在面临着国家提出的硬性碳排放权指标的制约,因而碳排放权也就成了企业决定能否持续经营的珍贵资源。所以,企业并购时不得不开始考虑低碳因素以期能够改善经营环境。从产业发展角度看,并购基本上分为横向并购、纵向并购与混合并购(潘文泳 等,2023)。但是低碳并购模式不仅需要整合价值增值与资源,而且需要构筑低能耗、低排放的经济发展体系,以求实现低碳效率。已有研究提出,低碳并购模式可以划分为低碳动力型并购、低碳科技型并购、森林碳汇型并购三种模式。

(1) 低碳能源并购

低碳并购是高碳能源生产企业向低碳企业转型的重要途径,高碳排放量公司通过收购拥有新能源部门的低碳排放量公司,致使高碳排放量企业全部或部分核心业务战略转移和新的利润增长点开放。煤炭和石油等化石能源公司已成为相当一部分环境污染的来源,企业应当积极开发能够替代传统能源的各种清洁能源。目前,国内外相当数量的政府低碳产业基金、风险投资基金、公有制基金等都在全力支持研究,以期能够发现新能源的并购标的。到目前为止,这些资本方已经开发了许多新能源并将这些新能源投入企业试点生产。同时，国家大力支持新能源企业的培育，并在产业政策、财税政策、金融政策等多方面给予支持。在这个充满优势的增长环境中，高碳排放量企业可以通过并购处于成长期或成熟期的新能源和高科技企业，加速获取新能源，成为低碳企业。

（2）低碳技术并购

低碳科技已经成为当今世界各国最重要的软实力之一。世界各国都在研发方面投入了大量资本。低碳技术并购属于企业外部技术获取方式，在现行市场中极受企业的欢迎。企业通过低碳技术并购可以获得被并购企业的先进低碳技术，刺激企业进一步实现技术创新。而技术创新非常有利于企业创造收入以及实现长期的可持续发展。我国企业不仅要加快速度研发绿色技术，还要实现超越。此外，还可以并购国外企业，积极追寻相对成熟的低碳高科技技术。

（3）低碳产业并购

低碳产业是当今世界各国重点发展的领域，国内外学术界对低碳产业的划分尚不完全一致。2020 年 7 月，国家低碳产业基金规模达 885 亿元，主要投资于太阳能、风电、新材料等低碳优势产业以及国家战略性矿产资源，以促进中国低碳资源的开发利用、培育优势低碳产业、保护生态环境、建设生态文明。随着低碳产业并购的兴起，低碳产业的规模效应与协同效应将进一步发挥。

（4）森林碳汇并购

碳固定是指通过各种高碳模式从空气中吸收二氧化碳的活动和机制，它可以减少空气中的二氧化碳含量，抑制全球变暖，以应对全球气候变化并改善人类的生活环境。大量的科学研究表明，目前的碳聚集方式主要包括森林碳汇、草原碳汇和海洋碳汇，其中森林碳固定是世界上最大和应用最广泛的形式。目前，世界正在大力发展森林固碳工程。我国将积极发展森林碳固定活动，制订具体的行动计划和发展目标，并将其视为我国应对气候变化的主要措施。随着我国碳交易市场的逐步形成和完善，大量私人资本开始进入碳固定行业，碳固定市场的主要参与对象慢慢变得丰富起来。

5.6　碳排放权交易市场基于低碳经营的价值创造路径

碳排放权交易市场是我国新兴的交易市场，在这个市场中，低碳发展良好的企业能够获得成本的节约与相应的收益。我国于 2021 年 6 月开放碳排放权交易市场，涵盖电力、钢铁、水泥等多个行业近 3 000 家重点排放单位，后续涉及的行业会不断扩大。低碳发展良好的企业能够节约一定的排放成本，同时还可能通过转让碳排放权配额实现收益。在碳排放权交易市场，用来交易的商品是企业的碳排放额度。高排放企业通过在市场上购买碳排放额度，来达到规定的碳排放标准，而卖方的低排放企业通过售出多余的碳排放额度可以获得更多的收益。碳排放权交易市场提高了高排放企业的生产成本，迫使高排放企业进行技术转型，走低碳发展之路。

5.6.1 低碳经营企业的实物期权价值创造路径

期权的实质就是选择权。购买期权的投资者拥有了以一定价格在特定期限内购买标的资产的权利。与期货合约中买卖双方既要承担合约义务又要享有合约权利不同，期权的买方只享有权利，而卖方仅承担相应业务。如果投资者交易的期货合约标的资产属于金融资产，那么这种情况就属于金融期权。投资者选择购买金融期权的同时，他们便拥有了选择的权利。一旦出现对投资有利的市场情况，投资者就会选择使用这项权利；但是市场上如果出现不利信号，投资者就会放弃行使这项权利，并且支付相应的期权价格。

考虑到我国当前的碳排放权交易市场还没有完全放开，并且碳与能源的价格波动幅度较大，我们运用实物期权理论方法来研究低碳经营企业的价值创造是具有优势的。国内外均已出现学者研究碳排放权交易市场如何受到实物期权的影响，并且取得了一些成果。比如有研究合理运用实物期权的二阶段来分析国际市场中的碳交易价格波动通过何种路径来影响企业投资可再生清洁能源。研究指出，当碳交易市场的风险性增强时，企业对可再生清洁能源的投资也会随之产生滞后效应。生态环境是一种特殊的公共物品，它的外部性强，而生态补偿项目投资金额高且资金回笼较慢，效果和效益严重滞后。因此，地方政府生态治理的投资回报率往往难以在短期内呈现，生态治理有时还会给地方政府带来暂时的利益损失。

5.6.2 低碳经营企业短期价值创造路径

碳交易是一种碳排放权的交易，碳交易为实现“碳中和”提供了市场化机制，是实现“双碳”目标的重要手段（操群，2015）。2021 年 1 月，生态环境部公布了《碳排放权交易管理办法（试行）》，并印发配套的配额分配方案和重点排放单位名单，这表明碳交易将在全国范围内全面实施。活跃的市场不仅帮助拥有领先的节能和碳减排技术的公司出售碳配额，还限制碳排放并迫使高排放公司加快转型。2014 年，适用于欧盟 28 个成员国的车辆碳排放量控制目标在欧洲议会中以压倒性赞成的结果通过。美国也颁布了类似的法规，要求到 2025 年 11 个州生产的零排放汽车的销售额至少占当年总销售额的 15%。如果零排放汽车销量低于这个目标，只有两种选择：一种是支付高额罚款，另一种是从其他汽车制造商那里购买碳配额。碳交易无疑会降低高排放企业短期的商业价值，但是对于低排放企业短期价值的提升是非常有利的。

5.6.3　低碳经营企业长期价值创造路径

首先，“双碳”目标是符合人类长期发展的必由之路，企业只有坚持低碳经营，人类才能长久地生存和发展下去。否则，随着气候不断变暖和海平面不断上升，人类可能会存在灭亡的风险。所以，坚持低碳经营对企业的长期发展来说是必要的。其次，企业坚持低碳经营符合了政府的要求和人民的根本利益。低碳经营企业可以获得政府的财政补贴、政策支持和税收优惠等。在产品市场上，由于满足了消费者的根本利益，产品必然更加具有竞争力。由此看来，企业的长期价值必然会得到提升。再次，随着我国碳排放权交易市场的不断完善，坚持低碳经营的企业更加有可能获得更多的碳配额，由此形成企业巨大的碳资产，提升企业价值（李涛 等，2021）。最后，随着我国 ESG 报告体系的不断完善，碳信息披露制度必然会越来越正规。投资者在进行企业投资时，不仅会考虑企业的经营情况，更加会考虑企业的低碳经营情况。企业坚持低碳经营，在资本市场上将会更加容易获得投资，在融资市场上也会更加容易获得融资机会。

第6章　企业内部价值链层面价值创造路径研究

6.1　企业层面利益相关者与企业账面价值的对应关系

6.1.1　企业账面价值的衡量

账面价值是指按照会计核算的原理和方法反映计量的企业价值。《国际评估准则》指出，企业的账面价值是企业资产负债表上体现的企业全部资产（扣除折旧、损耗和摊销）与企业全部负债之间的差额，与账面资产、净资产和股东权益是同义的。

从静态上看，企业账面价值是某个时间点的资产负债表中所有者权益（或股东权益）的数值，即资产－负债＝所有者权益（或股东权益）。资产负债表一般包含实收资本（股本）、资本公积、盈余公积与未分配利润。在这四项构成中，前两项是投入资本及其溢价，后两项合并成为留存收益，从数值上等于净利润扣除股利。

从动态上看，企业账面价值则来自某个期间利润表中的净利润。即留存收益源于净利润，只有净利润增加了，企业的账面价值才可能持续增加。虽然投入资本以及其溢价也可能导致企业账面价值增加，但从可持续的视角看，企业账面价值主要依靠企业的盈利能力。

因此，企业账面价值可以用绝对数与相对数进行表示。绝对数采用所有者权益（股东权益）和净利润表示，而绝对数则采用与净利润相关的比率进行表示，如净资产收益率、资产报酬率等。这样，企业账面价值可用式(6-1)进行表示。

$$V_3 = 资产总额 - 负债总额 = 投入资本 + 净利润 - 股利发放 \quad (6\text{-}1)$$

式中，V_3代表企业账面价值，在企业账面价值创造的视角，企业账面价值创造主要来自企业获得的净利润。

6.1.2　企业内部层面利益相关者分类与企业账面价值实现路径

企业内部层面的利益相关者主要是股东、债权人、企业管理层与职工。这些利益相关主体的利益均与企业账面价值具有密切关系，即对企业而言，要满足这些利益相关主体的需要，就必须最大化企业账面价值。从可持续的层面上看，企业实现账面价值创造就是要最大化企业净利润。

要实现企业账面价值最大化，可以从两条路径着手实现。一条路径是资金流动路径，即从资金筹集与资金使用的视角，用投资所产生收益扣除投资所用资金的成本，其净额就是价值创造；另一条路径是价值链优化路径。在销售收入的前提下，如何有效整合企业内部价值链、提高内部运营效率是企业降低运营成本需要考虑的主要问题。一旦内部运营成本降低，可以有效提升企业账面价值创造。本书通过平衡计分卡将这两条路径有效串联起来，并充分考虑“双碳”目标背景，具体设计企业账面价值创造路径与机制。因此，本章主要围绕着企业低碳战略制定、实施与评价展开研究，具体的技术路线如图 6-1 所示。第一步，研究企业低碳战略的制定。第二步，研究构建低碳资源与核心能力整合的价值创造路径。第三步，研究构建基于资金流的低碳价值创造路径。第四步，研究构建基于价值链的低碳价值创造理论。第五步，研究构建基于低碳业绩评价的低碳价值创造路径。第六步，根据以上步骤的研究成果，对企业层面低碳价值创造理论进行总结。

6.2　企业低碳战略的制定与实施

6.2.1　基于碳减排的竞争优先权设定

（1）竞争优先权的概念与维度

Slinner(1969)提出制造战略的思想，认为制造战略是指生产内部的一系列结构性决策，并将制造能力定义为成本、质量、交货和柔性。后续的研究在此基础上提出了“竞争优先权”的概念。竞争优先权是指企业实现市场目标的战略意图和战略计划，体现为企业在战略内容上的优先选择或是企业选择的竞争方式。竞争优先权对于生产系统支持企业在竞争中的市场需求是必要

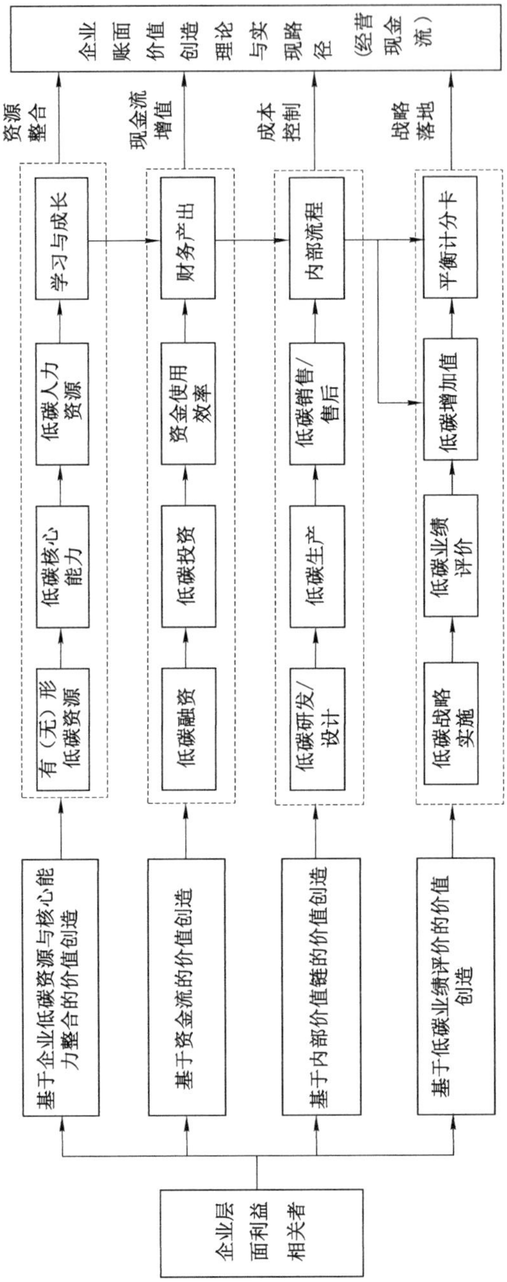

图6-1　企业内部层面企业账面价值创造路径

的。Chase(1992)给出了他自己对质量、可靠性和柔性的分类。柔性包括了对产品设计、产品组合以及生产数量变化的快速反应。Krajewski 等(1993)列出了竞争优先权的四个维度,并将其分为四类:质量、成本、时间和柔性。"质量"代表低缺陷率、可靠且稳定的品质;"成本"是制造产品的价格或成本;"时间"包括按时、快速的交货能力和新产品研发上市的速度;"柔性"包括对产品进行客户化的能力、迅速应对订单数量变化的能力以及迅速修改产品设计的能力。Chase 等(1992)将竞争优先权分为四个方面:成本、提前期、质量和柔性。Thomas 等(1985)对柔性进行了分类:产品种类柔性和产品数量柔性。产品种类柔性包括处理非标准订单的能力和率先推出新产品的能力,产品数量柔性是指处理数量波动的能力和迅速交货的反应能力。

(2) 考虑碳减排的竞争优先权维度确定

竞争优先权维度的划分体现了企业应该如何超越竞争对手、更好地满足客户需求,从而获得高于行业平均水平的超额利润。传统的竞争优先权维度能够保持竞争优势,但不能满足当今低碳发展的需要。因此,本研究将从环境导向观维度进行分析,选出已被当今学术界认可的五种竞争优先权要素(成本、质量、柔性、创新和交付),并把低碳目标融合其中,在提高财务绩效的同时改善环境绩效。

从成本维度来看,企业在面临环保压力时会积极提高资源利用率(Porter et al.,1995)。当企业关注环保、重视环境保护时,会显著降低企业成本,最终增加收入(Nidumolu et al.,2015)。因此,企业应该重视环境保护,主动承担降低碳排放的责任,发挥成本优势,提升竞争力。

从质量维度来看,企业的环保实践会促进企业的全面质量管理(Welford,1992),而且产品质量的提高也会节省企业的资源,提高环境绩效(Rosenzweig et al.,2004)。因此,企业将环境管理实践纳入质量管理实践投资中,会收获更高的绩效收益(Wiengarten et al.,2012)。如果建立了环境管理系统,就不仅是简单的竞争优势,更是企业的一种生存手段(Welford,1992)。

从柔性维度来看,当企业面临变化和不确定事件时,在提高柔性要素绩效的同时也要加强环境管理(Angell et al.,1999)。因此,企业可以积极与供应链上游进行环境合作,提高企业处理不确定事件的能力,对柔性水平产生积极影响(Vachon et al.,2008)。

从创新维度来看,企业的积极创新与环境管理实践并非对立,企业的创新能力越强,环境管理能力也会越强(Uhlaner et al.,2012)。此外,企业关注环境,向社会传递对环境的积极态度,可以改善市场导向对企业创新能力的作用

(Dibrell et al.,2011)。因此,企业应该积极进行环保实践,降低企业成本,为企业创新提供资金保障(Nidumolu et al.,2015)。

从交付维度来看,企业进行环境管理对交付能力具有促进作用(Jabbour et al.,2012)。因此,企业应该在能力范围内尽量减少库存,提升产品运输效率,节约资源能源,提高环境绩效(Koufteros et al.,2002)。

对于这五种维度的关系,已有学者提出了自己的观点:权衡模型和累积模型。Slinner(1969)最早提出了权衡模型,认为企业无法兼顾竞争优先权的每种维度,要想提升某一维度的能力就必然会牺牲其他维度的能力。但是,随着时代的发展,这一模型逐渐被累积模型所取代。累积模型的主要观点是一项要素能力的提升会促进另一项要素能力的提升,这一观点被众多学者验证。田也壮等(2014)的实证结果表明,制造能力要素间的累积效应普遍存在,创新要素可以为其他要素的提升提供支持,制造能力提升的最佳次序是质量→交付→创新→柔性→成本。

(3) 考虑碳减排的竞争优先权的实施

根据已有研究可以看出,企业重视环保可以降低成本、提高质量、提高柔性、提高创新和提高交付。因此,企业应当重视环保实践,将减少碳排放设定为企业的目标,制订可持续发展计划,主动承担环境责任,提高资源利用效率,降低污染物和废弃物的排放量,实现资源能源的循环利用。一系列低碳减排的环保措施可以显著提升成本效率,推动企业全面的质量管理,提高产品质量水平。企业应不断适应外界的变化和一系列不确定性因素,提升企业的灵活性和应对市场变化的能力,从而提升柔性要素的能力;不断满足客户的环保需求,提供环保产品,加强创新能力;减少库存,提高运输效率,增强交付能力。我国虽然是制造大国,但生产模式却十分落后,依然存在高投入、高消耗、高污染的问题,资源、能源消耗量大以及环境污染等弊病也由来已久,而发达国家当前基本实现了集约化的生产模式,在提高财务绩效的同时也改善了环境绩效。因此,我国企业应该转变落后的生产经营理念,明白低碳环保的重要性,意识到在低碳环保方面进行投入不会损害企业其他方面的竞争能力,绿色发展才是长远发展的方向。

6.2.2 基于资金流与价值链双线的低碳运营战略运营研究

(1) 低碳运营战略分类

传统的运营战略没有考虑环境问题。因此,面对日益恶化的生态环境,企业负有不可推卸的责任。企业应该根据中国国情和企业经营情况,塑造战略发展逻辑，着眼于高碳能源向低碳能源转化，并坚持走创新之路带动发展，提高企业竞争优势(郑立群 等，2013)。要以低碳可持续发展为目标，将绿色、低碳、环保纳入企业发展规划并作为企业发展的核心理念(史海威 等，2013)，完善企业低碳可持续发展法规和技术标准。企业应当利用 PEST(政治、经济、社会和技术)模型和 SWOT(优势、劣势、机会与威胁)模型对企业所处的外部环境以及内部环境进行分析，根据实际情况选择低碳发展战略。

第一，低碳差异化战略。相比发达国家的低碳技术，我国的低碳技术比较落后。因此，企业应当利用国家对低碳技术的重视，积极创新低碳核心技术，不仅要在产品生产和销售方面实现技术突破，也要在市场化运作管理机制等方面不断创新，形成强有力的产业进入壁垒(杨萌萌，2021)。

第二，低碳集中化战略。当企业在某一领域拥有先进的低碳技术，或者市场对某一低碳产品具有旺盛的需求及政策支持，企业应当重点拓展该产品的市场，采用低碳集中化战略。如果企业在该产品的设计、生产和销售等环节的体系已经相对完善，难以进一步发展，那么企业可寻求更广阔的市场，采取市场开发战略和市场渗透战略。

第三，低碳多元化战略。在“双碳”目标的指引下，国家支持企业开发和使用多种清洁能源。当企业处于稳定发展阶段时，资金充裕并且具有一定的技术优势，应积极响应国家号召，投资多种清洁能源，丰富原有低碳产品的种类，以应对未来市场中的不确定事件。

除上述战略外，企业应当重视培育低碳文化。我国对于环境的重要性认识较晚，大多数人对低碳的认识不足，企业在运行低碳战略时会遇到较大阻力。因此，提高员工的低碳意识刻不容缓。企业应定期开展低碳生产文化培训课程，制定有针对性和层次性的课程，培养员工对企业低碳文化和低碳战略的认同感，促进员工低碳意识的提高，在企业中形成低碳文化的氛围。党的十八届五中全会明确提出了“绿色”的发展思想和理念，提倡社会各界积极地贯彻环保、低碳、节能的发展要求。企业作为社会发展的主体，在实现“双碳”目标的过程中扮演着十分重要的作用。企业必须积极实施低碳战略，改变传统的生产方式，确保在每一个生产环节将碳排放量降到最低，落实绿色生产，实现绿色发展。为了有效地实现低碳运营战略，本书从企业资金流与价值链双线确定实现机制。

(2) 基于企业资金流的低碳运营战略实施路径

传统财务管理的对象是资金运动。资金运动指的是资金的形态变化或位移。在市场经济条件下，资金只有通过不断的运动才能实现增值的目的。资金运动可以分为融资、投资与利润分配，对应财务决策类型分别为融资决策、投资决策与利润分配决策。企业价值创造与这三个资金运动过程密切相关，原因在于融资决策与资金成本直接相关，投资决策与投资回报直接相关，投资回报扣除资金成本，其差值就是企业的价值增值。虽然利润（股利）分配理论认为股利分配政策同样也能影响企业价值，但从根本上讲是企业所有者在利润“分”与“留”之间的权衡，其影响的是企业市场价值，而不是企业账面价值。因此，本书在研究企业低碳战略实施时，只考虑融资决策与投资决策。低碳运营战略实施的主要目的是最大化企业账面价值，因此可以通过低碳化运营降低融资成本与提高投资回报，进而提升企业账面价值。

（3）基于价值链的低碳运营战略实施路径

价值链是指企业对其产品的设计、生产和销售等各种活动的集合。该定义不仅把企业内部活动的各个环节作为一条价值链，而且认同这些环节可以为企业创造价值，因此价值链所创造的价值总体和企业运营活动中获得的产品总价值相同。公司价值链可以分为两大类：内部价值链、外部价值链。内部价值链由研发、采购、生产和销售四个环节构成，外部价值链又分为竞争对手价值链、上游的供应商价值链和下游的客户价值链。

企业内部价值链具有双重属性：一是能够给顾客提供使用价值，即价值链上的相关环节都可以给顾客提供使用价值，最终形成销售收入；二是消耗企业资源，形成企业成本。在价值链上的所有环节，无论是否能够给顾客提供价值，都会消耗企业的各种资源，最终形成成本。因此，在收入一定的情况下，如果通过低碳化管理有效降低内部运营成本，则可以有效增加企业账面价值。对价值链进行全过程管理时，低碳管理的重点是在价值链的每个环节均采取减少碳排放、保护生态环境的举措。同时，通过对企业产生资金流的各价值链环节的分析，实现公司资金流的合理配置。从产品设计、生产到销售均采取低碳管理，有利于绿色化生产方式的形成，加速完成低碳目标。对价值链的一系列环节进行低碳管理将会改善粗犷式的资源开发方式、要素需求结构以及产品生产等方面的碳排放管理。对价值链进行全过程低碳化管理会改变需求结构，促使企业向低碳新兴产业及其衍生产业转移，推动低碳产业的成长和发展。比如，在采购环节，企业要选择低碳材料进行生产；在生产环节，企业要选择低碳设备和低碳生产方式，生产低碳产品；在销售环节，企业产品要向环保组织和政府申请低碳标签，增加产品的市场竞争力；在销售时，企业要坚持低碳销售；在售后环节，企业要坚持低碳售后，减少“碳排放”。对于外部价值链而言，从供应商的选择上来看，企业要选择低碳供应商。企业选择低碳供应商进行合作，可以体现出企业的低碳文化，同时可以降低生产成本，提升生产效率，增加产品的市场竞争力。从销售的客户选择上看，企业要选择低碳客户。基于共同的价值理念，销售方和购买方才能进行长期的合作。合理地选择低碳客户可以让企业的外部价值链完整，增加企业的价值，同时又能保护环境。

6.2.3 低碳业绩评价与管理研究

业绩评价是指运用运筹学和数理统计的知识，搭建综合的评价指标体系，采用定量分析与定性分析相结合的方法，与评价标准对比，综合评价企业在一定经营期间内效益与效率的产出质量。卡普兰和诺顿在平衡计分卡原理论述中指出："不能描述，就无法评价。而无法评价，就无法进行管理。"可见建立在实现战略目标的战略地图上的业绩评价是以评价促进战略目的落地的重要路径之一。

随着"双碳"目标的提出，企业转型迫在眉睫。低碳经济以可持续发展为理念，利用技术创新、新能源利用、制度创新和产业转型，不仅发展经济，还要降低碳排放，维持生态系统的平衡。因此，将低碳环保指标纳入业绩评价指标体系刻不容缓。在"碳中和"目标的指引下，评价企业业绩不能只看传统的财务指标，也要看到企业碳排放、能源利用等工作的开展情况（夏雪花，2011）。所以使用的指标体系不仅要反映经济效益，也要反映低碳效益（陈素琴 等，2013）。夏雪花（2011）将低碳业绩评价指标体系分成财务指标和低碳环保指标，并遵循三个原则构建具体的评价指标。① 全面性。传统的评价指标侧重财务指标，忽略非财务指标，因此在设计指标体系时，必须兼顾财务与非财务指标、兼顾短期与长期目标，逐步实现企业的长期发展，实现低碳环保。② 可操作性。应用是理论研究追求的最终目标，因此在构建指标体系的过程中，要充分考虑可操作性，同时也要兼顾定量指标量化的难易程度。③ 独特性。在构建指标体系时，需要考虑不同行业之间、不同企业之间的独特性。例如，重污染行业需要着重设置能够反映企业碳排放的指标，能源企业需要设置能够反映企业能耗的指标。同时，指标体系的构建也要充分考虑企业内外环境，灵活调整。

已有研究存在两方面的问题：一是没有将评价指标设定与企业低碳发展战略目标的实现充分联系起来；二是没有与低碳运营管理密切结合起来。低碳环保指标是低碳经济时代评价企业业绩不可或缺的一部分。"双碳"目标既给企业带来了责任，也为企业带来了机会，因此企业要把握时机、合理利用，在考虑国家政策的基础上，基于本企业自身状况，制定适合企业发展的、兼具财务绩效和环境绩效的低碳业绩评价指标体系，真实全面地展示企业的当前情况和未来发展方向，帮助企业实现长期目标(云虹 等,2018)。

6.3 基于企业低碳资源与能力整合的价值创造路径

6.3.1 低碳资源的优化配置路径

低碳资源整合是指企业对不同来源、不同层次、不同结构、不同内容的低碳资源进行识别与选择、汲取与配置、激活和有机融合，使其具有较强的柔性、条理性、系统性和价值性，并创造出新的低碳资源的一个复杂的动态过程。原始的粗放型发展模式已不适应当今时代发展的需要，要想实现“双碳”目标，整合低碳资源并且高效利用是企业发展亟待解决的问题。但是，企业所属行业、所属地区、企业规模以及政府补贴等因素都会阻碍企业资源优化配置。因此，企业应该基于自身发展状况和国家政策支持，充分考虑资源配置的因素和层面，同时也要考虑资源配置不平衡将会带来的不良影响，不断寻求解决方法。第一，企业应该努力提升科技创新能力，提高碳减排技术；第二，企业应该不断革新资源配置方法，让有限的资源实现高效的利用(刘小红 等,2020)。第三，企业应该不断完善新能源基础设施建设。企业只有通过节能减排优化资源配置、积极参与供给侧绿色改革，才能从源头实现低碳发展。

我国的能源以煤炭为主，根据自然资源部发布的《中国矿产资源报告(2024)》，煤炭资源约占我国能源资源总量的 94%，石油和天然气各占约 3%。这种资源配置给我国实现“双碳”目标带来了极大的挑战。虽然国家大力深化能源供给侧结构性改革，出台了一系列优先发展非化石能源的政策，但是 2020 年的清洁电力也仅仅占全部发电量的 28.8%(项定先,2021)。控制能源生产和消费碳排放是实现“双碳”目标的关键，因此企业应该积极优化能源资源配置，大力发展太阳能、风能、地热能、海洋能等新能源，努力实现从高碳到低碳的转变。以电力企业为例，在“双碳”目标的引领下，想要实现资源优化配置，需要关注清洁能源的使用。我国是电力消费大国，电力关乎国计民生。2021 年，多地实行限电政策，但治标不治本。电力企业应积极落实国家能源战略，构建新型电力系统，增加新能源的使用，积极建设新能源基础设施建设，如风力发电、抽水蓄能等，将煤炭与新能源优化组合，最终实现低碳转型。我国是能源消费大国，想要改变 70 多年建立起的以煤炭为基础的能源体系很难。因此，实现“双碳”目标，需要企业坚定信心、承担责任，从源头开始提升科学技术创新能力，建设清洁能源基础设施，扩大清洁能源的比例，优化资源配置，完善能源体系，从而实现低碳发展。

6.3.2　低碳核心能力的整合路径

一般来说，企业的核心能力是指某一组织内部一系列互补的技能和知识的结合，它具有使一项或多项业务达到竞争领域一流水平的能力。当前的“双碳”目标要求企业节能减排和高效利用资源，因此，为了将经济发展和环境保护相结合，最大限度降低经济活动对生态环境的负面影响，企业培育和整合低碳核心能力迫在眉睫。

首先，将企业战略与“双碳”目标结合。传统的核心能力一般都建立在资源层面，不具有可持续发展的潜力。因此，企业应该把握优势，由核心资源转向核心产品，再由核心产品转向核心品牌，最后转向核心服务，多元发展，将“双碳”目标切入企业战略中（马东俊，2022）。

其次，发展绿色生产、培养持续发展能力。“双碳”目标强调绿色发展对企业生态转型、生态发展、环境效益和盈利水平的作用。通过核心能力的培养，绿色发展可以将持续发展切入企业战略中，增加企业对“双碳”目标的边际贡献。

最后，提升自主创新能力。培育和整合低碳核心能力、实现低碳发展的关键是突破现有技术壁垒，提高自主创新能力（胡鞍钢，2021）。从战略角度出发，充分利用互联网技术和大数据，做好统筹工作，在提升自主创新能力的同时，适当引入国际先进技术，提高研发效率，使企业快速培育和整合低碳核心能力。

因此，企业想要培育和整合低碳核心能力，需要从战略层面重视低碳发展，提升自主创新能力，确定重点能力，把视角从核心资源转移到核心产品和服务上来。与此同时，企业也应该重视绿色发展，将绿色理念转化为企业核心能力，为企业构建核心能力做出规范的引导。

6.3.3　低碳资源与核心能力匹配的整合路径

作为实现“双碳”目标的主力军和经济发展的市场主体，企业不能仅在某一方面简单地提升，而是需要彻底地改革，打破原有的发展壁垒，因此必须使得企业低碳资源与核心能力相匹配。企业低碳资源与核心能力匹配是指企业的低碳资源与核心能力相互配合，迅速获得竞争优势，不仅满足市场的发展要求，也能实现“双碳”目标，最终获得长远发展。

（1）明确战略目标，坚定企业低碳发展的方向。

企业首先应该明确不能仅仅把经济利益作为唯一的目标，生态环境与人民生存息息相关，实现低碳发展才是企业生存发展之道。因此，企业应该立足于自身发展状况，明确当地产业发展的重点，摸清企业低碳发展的正确路径，结合企业能力评价体系，对自身的低碳资源与核心能力进行客观评价，根据企业实现低碳发展所需的低碳资源，重点培养相关能力，积极取得相应的低碳资源。

（2）创新低碳技术，增强企业核心能力。

企业要想实现低碳发展，就必须培养低碳核心能力。因此，企业应根据自身的特点和需求，加大资金投入，攻克关键的低碳创新技术，实现绿色创新（Shimada et al.，2007）。同时，充分利用互联网技术来提高效率，实现企业低碳行为信息化，为低碳决策提供技术支持。

（3）优化能源结构，提高能源利用效率。

当企业拥有低碳核心技术后，应舍弃原有的化石能源，积极利用清洁能源。近年来，虽然我国的清洁能源使用比例有一定提高，但煤炭依旧是能源消费的主力军。因此，企业应该提高清洁能源的使用比例，减少煤炭等化石能源的消耗，完善清洁能源的基础设施建设，为清洁能源消费打下基础。此外，依靠技术创新，不断控制碳排放量，将产业发展与碳排放控制相结合，优化能源配置，提高能源利用效率。

（4）制定低碳战略，获得低碳竞争优势。

充分认识现有市场后，企业应该利用 SWOT 模型评估已获得的核心能力和低碳资源的水平，据此选择低碳战略并制订低碳计划，将低碳资源与核心能力融合在一起，发挥出“1＋1＞2”的匹配优势。

6.4 基于低碳融资的价值创造路径

6.4.1 基于低碳融资价值创造的原理

参照传统 EVA（经济增加值）的计算公式，本书将低碳增加值界定为“低碳增加值＝低碳投资回报－低碳融资成本”。从这个公式可以看出，提升企业低碳价值创造可以通过两个途径取得：一是提升低碳投资回报；二是降低低碳融资成本。其中，融资是指企业运用各种方式向金融机构或者金融中介机构筹集资金的一种业务活动。也就是说，企业根据其资金、生产活动和未来发展需求，通过科学的预测和决策，采取一定的方法，从特定的渠道向投资者和债权人筹集资金，以组织资金的供应，保证企业正常的财务管理需要（孙秋枫等，2022）。

为贯彻绿色发展理念，促进绿色经济发展，我国出台了一系列与绿色金融相关的政策。2015 年 9 月，国务院出台《生态文明体制改革总体方案》，开启了绿色资产实行证券化之路，并提出构建绿色金融体系、推广绿色信贷。2015 年 12 月，中国人民银行发布了在银行间债券市场发行绿色金融债券有关事宜的公告，国家发展改革委制定了《绿色债券发行指引》，这给金融机构发行绿色债券提供了指导，对绿色企业债券发行的相关政策做出了明确的规定，为非金融企业参与绿色金融提供了条件。此后，各种政策陆续出台，绿色金融得到发展。在 2020 年的中央经济工作会议中，中国人民银行提出深化发展绿色金融改革创新试验区试点，完善绿色金融体系。在各种融资政策的支持下，企业需要充分利用这些优惠政策，在满足融资需求的同时降低融资成本。以下按照融资性质的不同，分别进行深入论述。

6.4.2　权益融资成本节约

权益融资通过扩大企业的所有权益，如吸引新的投资者、发行新股、追加投资等来实现。优序融资理论认为，因为权益融资成本相对来说更高，所以企业的融资顺序一般遵循先内后外、先债务后股权的顺序。为了完善权益融资体系、实现“双碳”目标，从低碳视角研究如何降低权益融资成本必不可少。企业可以通过以下三种路径实现权益融资成本的节约，具体为：

第一，争取获得政府和国际资本市场的低碳融资。为了降低碳排放、改善生态环境，政府的预算支出会为环保型项目留有空间。企业在建设相关低碳减排项目时，可以申请政府补助，与政府共同担任投资主体，融资渠道主要有各级专项资金、环境资源区域补偿资金、排污费与环境保护税等。政府补助最重要的特点是无偿性，即企业无须偿还。此外，与政府共建低碳减排项目能大大降低失败风险，最大限度地为企业节约融资成本（王凤荣 等，2018）。除了政府补助外，低碳经济的长期发展也需要拓宽市场融资渠道，但我国资本市场起步较晚，与发达国家相比不成熟，因此国际资本市场也可被纳入低碳融资的渠道。我国进行低碳权益融资的国际渠道一般有国际股票融资、国际投资基金、外国直接投资和国际风险投资，这些渠道各有利弊，但是国外资本市场体系较为完善，而且低碳技术较为成熟，可以帮助我国企业引进节能技术、改进生产工序，从另一方面降低了成本（Cole-Baker et al.，1998）。

第二，争取到低碳经济板块上市。低碳经济板块一般包括三个板块：新能源板块（风电、核电、光伏发电、生物质能发电等）、清洁煤发电和清洁煤利用板块、节能减排板块（智能电网、新能源电动汽车、建筑节能、变频器、余热锅炉、余压利用、地源热泵、垃圾发电）。企业在这些板块上市的优势主要体现为两方面：一是有政府的强力政策扶持；二是在资本市场上具有良好的形象。这两方面都可以显著降低权益融资成本。

第三，保持较好的低碳发展前景。企业保持低碳经营，在进行股票发行等权益性融资时，能够获得较大的发行溢价，从而有效降低股权融资成本。

第四，加强低碳运营公司的治理体系建设。企业应完善激励约束机制，进行及时、严格的信息披露，不断吸引投资者投资，以便进行资本扩张与内部资金积累，同时健全利益分配制度。这一系列措施均可改善企业权益融资环境，降低融资成本，促进企业长期可持续发展。如果企业选择国际资本市场进行融资，就会受到更严格、更规范的市场监管制度的约束，迫使企业不断增强自身管理水平、改善财务状况、学习和借鉴国外先进的管理经验、增强企业竞争力。这不仅有利于节约资本成本，对企业长远的发展也有着不可估量的益处（中国人民大学气候变化与低碳经济研究所，2010）。

6.4.3 债务融资成本节约

债务融资是一般企业融资时的首选，在“双碳”目标下，进一步降低债务融资成本能够使企业减轻财务负担、激发投资动力，对企业长期经营具有关键性作用。

第一，提高碳信息披露质量。如果企业环境信息披露质量升高，债务融资成本会相应降低。因此，提高环境信息披露质量对于降低债务融资成本有非常重大的影响（Guidara et al.，2014）。碳信息是企业环境信息的重要组成部分。为了节约债务融资成本，企业可以从第三方评估机构入手，提高碳信息披露的质量，丰富和创新其中的内容。在使用债务融资前，披露项目的资金使用情况、环境效益等相关环境信息，保证资金使用规范，减少信息不对称，降低债权人对风险的预期。

第二，增强环境风险管理水平。提高环境信息披露质量可以降低债务融资成本，债权人偏好环境绩效较好的企业。因此，企业加强环境风险管理、提高环境绩效是降低债务融资成本的必要方法（Hart et al.，1996）。加强风险管理首要的一点是从理念方面对风险进行控制，在减少碳排放的过程中落实责任，确保有人监督、有人负责。企业也可以安排专人对重大风险进行评估并且对低碳技术进行监控管理。此外，加强信息沟通也是非常重要的一点，要确保所有问题能够及时向管理层进行反映。当企业的业务活动对降低碳排放产生负面影响时，应尽快确立相关责任方，及时解决负面影响，缓解债权人对投资的疑虑。

第三，积极创新低碳技术。除了提高环境信息披露质量、控制低碳风险水平，加大科技投入、注重技术创新也是非常重要的一环，创新低碳技术可以提高环境风险管理水平。企业应积极顺应"双碳"目标，大力发展低碳技术，研发低碳设备，努力将碳排放量降到最低（解学梅 等，2019）。企业应在改善技术的同时大力开发清洁能源，优化能源结构。由此可见，加大科技投入、提高环境风险管理水平，不仅对当前降低债务融资成本有积极意义，也对今后的长远发展具有重要意义。

6.4.4　其他环境权益融资方式的成本节约

在其他融资方式方面，我国颁布了很多支持政策推动低碳经济发展。2021 年 7 月 22 日，中国人民银行正式发布金融行业标准——《环境权益融资工具》（JR/T 0228—2021），为企业和金融机构开展环境权益融资活动提供指引。随后，2021 年 9 月 12 日，中共中央办公厅、国务院办公厅印发了《关于深化生态保护补偿制度改革的意见》（以下简称《意见》）。在拓展市场化融资渠道方面，《意见》提出要研究发展基于水权、排污权、碳排放权等各类资源环境权益的融资工具，建立绿色股票指数，发展碳排放权期货交易。这些多元化、市场化的融资渠道可以将生态保护补偿与绿色金融发展有机结合，拓宽融资机构低成本融资的渠道。同时，《意见》提出扩大绿色金融改革创新试验区试点范围，把生态环境补偿融资机制和模式创新作为重要试点内容。这有利于生态补偿相关的绿色金融产品创新，为此类金融创新提供更丰富的场景和更有利的条件。《意见》还提出推广生态产业链金融模式，鼓励银行业金融机构提供符合绿色项目融资特点的绿色信贷服务；鼓励符合条件的非金融企业和机构发行绿色债券；鼓励保险机构开发创新绿色保险产品参与生态保护补偿。绿色金融创新可以在减少碳排放的过程中发挥特殊作用。以绿色债券为例，它将债券的利率与碳排放目标挂钩，如果达到目标，利率可以相应降低。

政府补助无法满足当前"双碳"目标的所有融资需求，而环境权益融资工具可以填补这一空白。企业应积极利用环境权益回购、环境权益债券等直接融资工具和环境权益抵（质）押贷款等间接融资工具，为减少碳排放、保护生态环境承担责任。

6.5 基于低碳投资的价值创造路径

很多企业进行低碳投资的积极性很低，最重要的原因是低碳投资回报不确定、投资回收期长、投资规模大且企业难以负担，一旦投资失败，面临的风险不可估量。因此，若能让企业获得低碳投资的规模回报效应、效率效应和溢出效应，则会大大提高企业进行低碳投资的积极性。本书从提升低碳投资回报这一路径研究基于低碳投资的价值创造理论。

6.5.1 企业低碳投资的规模回报效应

所谓规模回报效应，是指通过扩大生产和经营规模，产业链的完整性、资源配置与再生效率提高，导致企业边际效益增加。低碳运营企业进行低碳投资时，首先要考虑投资的规模回报，即绝对值的投资回报。结合"双碳"目标背景，低碳运营的企业需要从以下三个方面提升低碳投资的规模回报。

第一，及时抓住低碳机遇，尽早进入低碳行业。在习近平主席提出"双碳"目标后，作为谋求生存发展的微观主体，企业应及时把握市场长期的低碳需求。借助公开的低碳数据资源，企业应持续地收集全球范围内低碳投资相关的信息资源，重点关注世界低碳前沿技术及其发展前景，并进行深入研究。同时，企业应该结合自身发展目标，明确低碳项目的投资前景。这些方法可以为企业提供及时、准确、有效的低碳市场信息，帮助企业在低碳投资中抢占先机、拓展竞争优势。此外，企业必须能够感知市场需求的变化，动态完善投资策略，把握投资机遇，在低碳投资中获得较高的回报。

第二，加强企业间合作，培养共享意识。低碳的本质就是保护环境、造福人类，因此企业的低碳投资策略不仅与企业的生存发展有关，对整个社会也有重大的正面影响。企业应当培养共享、共赢的意识，在低碳投资中考虑投资策略的系统性、相关性和交互性，采用前瞻性的投资理念、准确性的企业定位和风险性的控制保障等分析方法制定投资策略，与社会共享投资成果、共赢效益，在服务社会中促进企业持续健康发展。

第三，借助科学技术，实现低碳创新。企业在低碳投资的过程中应用移动互联网、大数据、云计算和区块链等成熟的技术，分析公开信息平台中获取的数据，并建立相关系统辅助低碳投资决策，使企业能够更准确地分析低碳项目的可行性、及时识别与把控风险，让资金与项目更加高效地衔接，从而获得规模效应。

6.5.2　企业低碳投资的效率效应

在低碳行业日趋成熟的前提下，提升低碳投资的效率成为低碳投资决策的重中之重。所谓效率效应，主要关注低碳投资回报的单位产出效应，即低碳投资回报率。企业要提升低碳投资效率，可以从以下四个方面着手。

第一，选择合适的低碳投资项目。在投资项目选择上，除了考虑投资回报规模以外，重点将低碳项目的投资回报率作为首要选择标准。在多个项目之间进行选择时，应以效率优先进行决策。

第二，充分利用绿色信贷，降低资金使用成本。当前绿色金融发展的背景下，绿色信贷可以从源头引导资金流向，从而激励企业提高环境信息披露质量、提高企业获得绿色融资的可能性、激励股东积极参与公司治理，进而促进企业提高投资效率。在"双碳"目标背景下，政府会对碳排放进行严格监管，并对碳排放超标企业加大惩处力度，逼迫企业转型（李晓慧，2021）。因此，企业应积极主动利用绿色金融，对传统产业进行转型升级，利用绿色信贷信息共享平台公开自身的环保信息，进而得到政府支持，提高低碳投资效率。

第三，提高低碳技术效率。企业应把握机遇，改善生产技术，提高科技含量，不断增强运用资金和资源的能力，将有限的资金投入效益较好的低碳项目中，从而获得较好的回报。很多企业对低碳投入资源的利用效率不高（张涛等，2022），因此未来应注重研发高效的低碳技术以及绿色的生产设备，从而提高低碳投入资源的利用率。

第四，加强内部环境管理体系。企业应该建立多层次、多部门的环境管理人员体系，明确各级人员工作职责，将工作任务层层分解、精确分工，并且设立严格的工作考核考评制度。此外，环境审计也要及时开展，不能仅仅局限于后期统计汇总，在投资前期也要及时规划和管理，制订投资计划，并且在投资过程中动态调整投入产出结构，控制投资规模，及时解决投资中存在的问题。

6.5.3　企业低碳投资的衍生回报效应

随着投资活动的增多，越来越多的企业不满足于传统的投资活动带来的市场拓展和资源依赖，而是希望获得更多的衍生回报效应。对于企业而言，尤其是中小企业，参与低碳投资活动能获得的最优衍生回报效应就是企业自身技术创新。

一方面，优化投资结构。企业在进行对外投资时不能把目光局限在传统项目上，而是应该积极投资拥有最新低碳技术和高附加值的低碳项目，充分利用资本优势，引进先进低碳技术，实现资源共享。进行低碳投资时，企业应仔细分辨合作伙伴。对于处在龙头地位的企业，重点提高自身吸收新技术的能力，获取先进的低碳技术和高水平的管理经验；对于规模较小的企业，适当分享低碳经验，进行技术输出，最终实现共赢（文建东 等，2023）。此外，企业应该注意因制度摩擦带来的额外成本。

另一方面，把握对外投资机遇。“十四五”规划中提出，要加快构建以国内大循环为主体、国内国际双循环相互促进的新发展格局，引进外资企业和对外投资协调发展，提高国际双向投资水平。因此，企业应该积极把握机遇，平衡“引进来”和“走出去”。在初始阶段，企业积极引进发达国家外资可以促进经济增长，并且带来积极的技术衍生回报，实现多边共赢；在跨境投资时，可以为其他企业送去经济衍生回报和技术衍生回报。但是，“引进来”和“走出去”之间存在非常复杂的互动衍生关系，两者并非并驾齐驱，不能一味追求“引进来”，要充分利用两者的关系，实现经济增长和技术创新的共同进步。虽然中国只是发展中国家，但并不是“世界工厂”，应积极引入外资、积极跨境投资、形成价值链、进行技术扩散，为世界碳排放的减少做出贡献（李勃昕 等，2022）。在“一带一路”倡议的引领下，双向跨境投资能够推动低碳技术创新和经济增长，改善全球治理水平。

6.6 基于低碳研发的价值创造路径

6.6.1 低碳技术创新的价值创造路径

当前，众多研究认为技术创新是实现“双碳”目标的关键，但是我国的现实情况是低碳技术研发能力薄弱、低碳技术创新的研发资金短缺，种种问题都阻碍着低碳经济的发展。在内部价值链的最上游，低碳技术研发、设计与改良是决定内部流程效率的最初源泉。在低碳技术创新方面，企业应从以下三个方面着手。

第一，加大低碳资金投入。当前，我国科研投入的严重不足阻碍着企业低碳技术的发展。R&D 是衡量创新投入的重要指标之一，也是工业创新活动中最具有普遍可获得性的统计指标。数据显示，中国 500 强企业研发经费占销售收入比例的平均数仅为 1.42%，而发达国家的这一比例约为 3%（张鲁秀 等，2014）。研发经费投入不足制约着低碳技术的发展。因此，企业应加大创新投入，为低碳技术的发展提供最基本的保障。一方面，提高企业内部融资能力，充分利用股东追加投资和留存收益，满足企业低碳技术创新的需求。另一方面，提升外部融资能力。低碳技术创新需要大量资金，所以只有内外部资金联动，才能为企业的低碳创新活动提供源源不断的动力。

第二，改革技术人员激励机制。技术人员是低碳技术创新的灵魂，不断激励技术人员创新就能为企业带来创新的动力。首先，在设计技术人员的报酬合同时，综合考虑与研发活动相关的指标，舍弃不合理的指标。其次，针对不同类型的技术人员，设计不同类型的薪酬合同。每个技术人员的知识储备和工作经验不同，一般而言，工作经验丰富的老员工比初入社会的新员工在实践方面有更强的能力和水平。根据能力设计不同的薪酬合同可以激励技术人员的进步，从而推动企业低碳技术的进步。最后，企业所处的外部经济环境、创新战略和员工的工作性质都会对技术人员的工作成果产生影响，因此动态地修改报酬合同是非常必要的，能够起到更好的激励效果。

第三，自主研发和战略合作相结合。当前，我国已推出许多鼓励企业进行低碳创新的政策，企业应该抓住机遇，投入人力和财力，努力提升低碳技术的创新水平。企业一旦创新成功，将会获得巨额回报。但是，如果企业创新失败，就会面临不可估量的风险。为将风险降到最小，企业可以与其他企业进行战略合作，最大限度地利用双方的资源，优势互补，及时控制风险（常超，2015）。此外，也可适当引入发达国家的先进技术，在短时间内弥补技术差距。

6.6.2　低碳产品设计的价值创造路径

随着“双碳”目标的提出，企业在增强自身产品竞争力的同时，也需要在产品设计中考虑其低碳属性。近年来，政府大力推行生态文明政策，对企业也提出了更高的要求，因此企业如何执行国家政策、满足消费者需求，从而设计出低碳型产品是一个值得深思的问题。

第一，重视长远利益。企业要想实现利润最大化，不能仅从自身利润的角度出发，而是应该拥有更长远的发展视角，意识到企业与消费者之间存在的相互影响和相互制约的关系，理性决策。在设计产品时融入低碳元素，创造美好环境的同时收获更高的利润（Yalabik et al.，2011）。

第二，引入低碳创新技术。科技是第一生产力，在产品设计中运用科学理念、应用低碳环保新技术、提高使用效率，可以达到节能环保的目的。当前，许多国家利用清洁能源降低碳排放，如太阳能资源丰富并且免费，不会增加二氧化碳排放量。与发达国家的低碳技术相比，我国的低碳技术水平有待提高，因此相互借鉴、求同存异是设计低碳产品过程中不可或缺的一步。

第三，废物利用再设计。在推动新科技和清洁能源发展的同时，产品设计也应该重视后续发展的低碳性和可持续性。设计低碳产品时，企业应主动考虑低碳问题，在产品中使用废弃物可以满足日常低碳需求。如今，国家大力提倡低碳生活，采取废弃材料设计新产品，变废为宝，让废弃物再次获得使用价值；通过循环再利用延长产品寿命，降低碳排放量，提高产品和服务效率。

第四，加强产品设计风险内部控制。低碳产品是新兴产品，其不确定性很容易产生风险，因此及时采取措施规避风险或者减轻风险带来的损失是必不可少的步骤（李亚峰 等，2010）。首先，企业应该建立风险控制的组织体系，明确职责权限，规范程序、方法，相关部门各司其职、密切配合，共同抵御低碳产品设计新风险。其次，企业通过日常的监督管理，了解内部运营情况，及时收集风险信息。再次，企业分类整理收集的信息，将风险信息及时反馈给风险管理部门。最后，企业针对识别出的风险及时调整低碳产品的设计，降低低碳产品设计的风险。

6.6.3 低碳产品改良的价值创造路径

低碳产品设计的核心是满足消费者的低碳需求，但是由于企业与消费者存在脱节，而且时代在变化，低碳产品的设计并非一劳永逸。因此，在低碳产品推向市场后，企业应该及时收集消费者的建议，不断跟随时代发展进行产品改良，满足消费者不断变化的低碳需求。

第一，细分产品使用对象。产品设计应以人为本，在改良产品时，设计师应该认真研究产品的适用对象，探索人与人之间的差异，把握消费者的购买心理和审美趣味，针对不同的消费人群改良产品。设计师需要分别根据不同年龄阶段、不同地区、不同受教育程度人群的特点对原来的低碳产品进行改良，满足不同细分人群的低碳需求，发展多元化设计。

第二，延长产品使用寿命。低碳产品由于是新兴产品，一定会存在各种问题，因此设计师在改良产品时需要考虑产品的可持续使用性。可以通过更换产品零部件延长产品的使用寿命，也可以通过产品回收、利用与重新组合形成新的产品，最大限度地提升产品使用率。

第三，开放性设计。消费者具有多样化的低碳需求，设计师难以满足每一位消费者的低碳需求，而且现在很流行 DIY 的概念。因此，设计师可以在确保产品实用性的前提下留有二度设计的空间，尽可能放开产品的功能限制，让消费者参与到设计中，根据自身需求创造出更适合自己的产品。

6.7　基于低碳生产的价值创造路径

6.7.1　低碳生产技术运用的价值创造路径

随着经济社会的不断发展，工业生产中的碳排放问题逐渐凸显，企业急需低碳生产技术满足社会发展的需求。应用低碳生产技术可以有效减少碳排放量，优化能源结构，实现清洁高效的综合利用。

第一，加强产品生产过程中的低碳控制。低碳生产技术需要在生产环节中将碳排放量降到最低，或者实现零排放。因此，企业应制定一套专门的生产管理规范标准，严格监管生产过程，及时发现并整改问题。要想从根本上解决碳排放超标问题，就必须淘汰落后的生产技术和设备，引入低碳生产设备，有效减少碳排放，优化生产环节。此外，企业也必须提高清洁能源的使用比例，实现低碳生产质量的有效提升，在实现环境效益的同时降低成本，实现经济效益。

第二，加强低碳生产技术的创新。企业在运用低碳生产技术的同时，也要不断研究开发新的低碳生产技术，使企业一直保持竞争优势，这对于企业技术人员有较高的专业要求。但是，当前能够熟练掌握并运用低碳生产技术的人员非常稀缺，企业对于低碳生产技术的运用浮在表面，没有深入。因此，企业可加强与高校的沟通交流，加强低碳生产技术的实际应用，培养和储备更多专业人才。企业员工也需积极进取，不断巩固自身专业知识，与时俱进。

第三，设立专业培训机构。当前，许多企业尚未意识到低碳生产的重要性，不了解低碳生产技术。如果企业技术人员上岗前未能通过低碳考核，会直接导致企业低碳生产风险的增多，从而导致低碳生产技术发展缓慢。因此，企业应设立一些专业培训机构，确保技术人员在上岗前接受低碳培训，并且在出现新的低碳技术时，及时传授给企业员工，确保每位员工掌握最新的低碳生产技术。

6.7.2　低碳生产导向的内部流程再造价值创造路径

流程再造是一种彻底地分析与设计企业程序、管理相关企业变革以追求绩效并推动企业成长的活动。企业流程再造的重点是重新规划对企业经营极为重要的几项程序，在成本、品质、对外服务等几个方面实现重大突破，从而提高企业运营效率。

第一，建立绩效考核机制。为确保流程再造顺利施行，企业应该成立专门的流程再造小组，推动工作的展开。管理层明确流程再造的目标是低碳化生产，选出流程再造的负责人，并且设定考核的标准，以此评价流程再造的结果。负责人应该制订低碳流程再造的计划，协调企业的人力、物力，带领工作小组执行流程再造的计划，及时发现并向管理层报告工作中存在的问题和解决方案。相关部门对新的流程试运行后，提出相应的建议，并且跟进后续的改良方案。流程再造完成后，管理层建立相应的绩效考核机制，充分发挥激励与约束相融合的作用，提高员工积极性，提升企业运营的效率和质量，改善企业管理水平，降低碳排放（陈慧嘉，2021）。

第二，加强信息化建设。当管理者掌握企业的各种数据后，可以为管理者提供强有力的决策支持，实现更优化的资源配置。因此，企业应该培养复合型的信息化管理人才，除了精通计算机技术外，还要了解碳减排的相关知识，将碳排放和企业管理相衔接。在开发业务流程系统前应该充分了解企业管理。在开发业务流程系统时，企业应该积极参与、提出建议，使业务流程系统与企业管理流程相匹配，不仅可以降低碳排放，也能提高企业运营效率。

第三，加强员工培训。员工是企业业务流程的实际操作者，如果员工不能正确理解并执行业务流程，那么即使是完美无缺的业务流程体系也无法发挥积极的作用。对于员工而言，优化后的业务流程是陌生的。通过岗前培训，员工能够拥有一定的低碳知识，并且能够熟练掌握新的流程再造体系，提高工作效率，降低碳排放。

第四，树立流程管理思维。文化是企业的灵魂。企业在完成低碳流程再造工作后，需要将以低碳流程为中心的思想变成企业文化，深入人心。企业员工应该积极融入企业文化，主动学习流程再造的思想和低碳的知识。文化对员工的思维模式有深远的影响，能够帮助员工了解低碳流程的重要性和必要性，了解在工作中应该做什么、为什么要做、应该怎么做（Aziz，2019）。不断强化员工对低碳流程的认知，使个人意识与企业意识相匹配，以达到最优的结果。

6.7.3 员工低碳意识提高的价值创造路径

随着经济社会不断发展，碳排放问题日趋严重，“双碳”目标的提出表明发展低碳经济已成为必然。发展低碳经济不仅需要从低碳能力、低碳融资、低碳投资等方面入手，培育一种相适应的文化模式——低碳文化也是非常重要的。

第一，制定低碳管理制度。制度是一切行为和观念的支撑，是一种可以约束员工行为的规范，可以督促低碳文化的切实建立。当前，大多数企业未能培育低碳文化，未能形成低碳文化制度体系，未能发挥出对生产经营行为的指导作用。一方面，企业应该在原有的企业制度和低碳目标之间寻求平衡，力图融洽。另一方面，企业应建立激励制度，调整组织结构和经营模式，加强管理，重新规划生产经营流程，降低成本，提高质量，同时实现经济效益和低碳效益。

第二，将低碳文化融入生产各环节。培养员工低碳意识的根本目的是在生产经营全过程减少碳排放，实现低碳目标。企业应从产品设计、生产和销售中寻求低碳办法，将低碳文化融合在各个环节中，潜移默化地影响员工思维，推动低碳目标的实现。不仅要让企业管理层具备低碳意识，也要让每一个员工具备低碳意识，让企业文化落地生根。

第三，制定低碳战略。若是企业仅仅把低碳放在口头上，一味要求员工具备低碳意识、做出低碳行为，而忽视管理层的示范作用，则难以实现低碳目标。因此，培养员工的低碳意识必须依据企业的实际情况，制定企业低碳战略，将低碳目标与企业的价值观和经营思想充分融合。在绩效考核时设定低碳指标的标准，做到奖惩有度。同时，利用文化宣传活动、建设活动、教育活动大力宣传低碳文化，增加员工对低碳的关注度，感受因低碳带来的收益。当企业将低碳思想融入企业战略中时，就能够聚集全部力量，推动企业低碳化进程。

6.7.4 低碳导向的内部价值链整合价值创造路径

在传统经济环境下，企业价值链存在着重构趋势，主要包括三种活动：业务定位活动、模块整合活动与异质经营活动。业务定位活动是指，根据自身的特点、经营状况和财务状况，企业确定自身在价值链上最有优势的环节，并着重扩大这种优势，将其与其他非核心活动分开；模块整合活动是指，企业可以将自身价值链上的某些环节与上下游或者外部利益相关者的价值链建立业务联系，采取不同的方式来设计、生产、销售产品；异质经营活动则是指，企业应该使用互联网技术在数据构成的虚拟世界中利用处理过的信息为客户创造价值，这是一种广泛进入和多渠道分配的非线性投入产出活动。

在低碳经济的环境下，企业价值链应当重构为低碳价值链模型，具体的实施方式也可以从业务定位、模块整合和异质经营三方面来阐述（张翔，2015）。

（1）对企业低碳价值链进行业务定位

首先，根据低碳经济环境的特点，评估、判断价值链上可能进行低碳运行的环节所具备的相对优势；其次，根据自身优势，选出企业的核心业务与非核心业务；最后，按照低碳要求调整、优化核心业务，剥离非核心业务。

(2) 对企业低碳价值链进行模块整合

首先，比较和分析企业自身及其上下游和其他利益相关者在价值链活动上存在的低碳优势；其次，根据企业所处行业中经营主体进行自主经营和外包业务的情况，确定自身低碳价值链与外部企业进行资源衔接和业务契合的可行性；最后，根据经营状况，在自身企业与外部利益相关者的低碳价值链环节中推广模块整合措施。

(3) 对企业低碳价值链进行异质经营

一方面，根据低碳经济环境和大数据时代，分析企业自身价值链的内容和结构，以此确定信息资源渠道中企业为客户创造价值的业务流程在自身价值链中的契合方式；另一方面，选取适合异质经营的价值链活动，利用处理过的信息为客户创造价值，同时企业也要根据自身数字化程度进行异质经营。

6.8 基于低碳销售与售后服务的价值创造路径

6.8.1 低碳营销的价值创造路径

由于传统的粗犷式经济增长方式不能满足当前“双碳”目标的实现，因此发展低碳经济、降低碳排放、实现绿色可持续发展已成为不可阻挡的趋势，企业发展低碳营销成为紧迫而艰巨的任务。

(1) 树立低碳营销新理念

传统的营销模式更看重经济效益而非生态效益。要想转变传统的营销理念，企业必须支持和发展低碳经济，走可持续发展之路，减少碳排放。企业必须树立低碳理念，将营销活动与碳减排联系起来，从营销方面促进企业低碳转型。企业应该确保低碳是企业营销活动的目标之一，从目标市场的低碳需求出发，依靠企业的低碳资源与创新能力，将低碳发展理念渗透营销活动的全过程。此外，企业也可利用财税方面的政策积极转型，实现可持续发展。

(2) 加强低碳技术创新

只有低碳技术不断进步才能支撑企业实施低碳营销战略。首先，企业应该扩大融资渠道，筹集技术创新所需资金。除却传统融资渠道，企业也可利用政府对企业在生产中使用低碳技术的专项资金、政府对节能减排的相应补贴、政府对消费者消费低碳产品的补贴等一系列政府补助。其次，学习发达国家成熟先进的低碳技术，取其精华、去其糟粕。最后，与合作伙伴结成战略联盟，攻克低碳技术创新中遇到的难题，整合资源、共担风险、共获效益（张静中 等，2014）。

（3）重构低碳营销战略

实施低碳营销需以低碳战略作为行动纲领。首先，企业应该确定低碳战略，在营销活动中融入低碳理念，制定符合企业实际情况的营销战略。其次，成立低碳营销机构，根据战略要求制订低碳减排的计划，设定相关低碳考核标准和激励制度，建立健全相关低碳制度，为企业塑造低碳形象。

6.8.2　迎合低碳消费的价值创造路径

在当前低碳经济发展的条件下，消费者的消费需求在随之改变，企业应该积极迎合消费者的低碳需求，改变原有战略，实现节能减排。企业迎合低碳消费的需求，有利于塑造良好的社会形象，展示企业的社会责任，增强核心竞争力（方颖，2017）。

（1）建立低碳价格机制

企业应该综合考虑低碳产品的需求情况、生产成本和消费者认同，制定合适的产品价格，从原材料采购开始到生产的每一个环节都应该降低生产成本。企业可以利用不同地区、不同价格的低碳产品的试销，了解企业的竞争对手和产品的受欢迎程度，制定出能产生最大边际贡献的价格。此外，在产品定价宣传中可以使用“环境有偿使用”等概念，满足消费者低碳消费的心理。除了产品本身和环境压力外，消费者对低碳产品的认同也是影响低碳产品价格的重要因素之一。如果消费者低碳意识薄弱，则不宜设定过高的价格，可以适当利用政府补助，使产品价格维持在较低的水平。

（2）充分利用网络营销

企业应该根据自身的经营状况和产品属性来选择营销渠道，在销售过程中，注意包装物的使用和能源的节约，增强低碳意识。低碳营销要求企业利用科技创新，将原有传统的营销模式转换为低成本、低排放的网络营销模式。网络营销模式是一种以互联网为基础，利用数字化的信息和网络媒体辅助实现低碳目标的新型营销方式（冯华，2023）。网络营销模式可以降低产品和服务的成本与能耗，改变传统营销模式的高碳特征，以最低的成本和最小的碳排放量获得最大的收益。

(3) 加强低碳价值观引导

文化是企业的灵魂，因此营造低碳文化氛围、普及低碳知识、树立低碳理念是非常有必要的。从设计到生产再到销售的每一个环节都要落实低碳行为，生产高质量、低成本的低碳产品，维护企业低碳形象(李珂 等，2018)。

6.8.3 低碳售后服务的价值创造路径

传统营销与销售常常忽视售后服务。随着消费者要求的逐渐提高以及竞争的加剧，良好的低碳售后服务对于企业树立良好的形象是必不可少的一部分。一旦售后服务过程中产生较高的碳排放，不仅会使之前步骤中的低碳管理功亏一篑，而且也无法满足消费者的低碳需求，制约企业业务的发展。

(1) 完善低碳售后服务组织架构

很多企业忽略低碳售后服务的价值，因此并未设置专门的低碳售后服务机构，不能保障消费者的权益。企业应该设立并动态完善低碳售后服务的组织架构，制定详细规范的低碳售后服务标准和绩效考核标准，激励员工产生低碳行为。培养一批兼具低碳知识技能和售后服务知识技能的专业人才，帮助企业树立良好的低碳形象，用专业的、有保障的低碳售后服务让消费者感到满足。

(2) 改变售后服务理念

低碳售后服务水平的高低依赖于员工是否具备低碳意识。相比于制度改革，思想的转变更为困难。企业应当尽快树立以满足消费者低碳需求为导向的低碳售后服务理念，对消费者予以关怀，提供多元化的低碳售后服务，满足不同消费者的低碳需求。企业也应当注重与消费者的沟通交流，及时改善企业的低碳售后服务水平。企业低碳售后服务水平大幅提升后，能够吸收大量潜在客户，提高销量，树立低碳形象。

(3) 提高低碳售后服务质量

低碳售后服务质量是企业低碳售后服务水平的关键因素。传统的售后服务忽视低碳效益，只关注经济效益，存在碳排放量较高的问题，售后服务质量堪忧。因此，为提升低碳售后服务质量，企业应该及时更换老旧设备，使用低碳设备，引入专业的、高素质的技术人才，注重培养低碳意识，为满足消费者的低碳需求构建低碳售后服务体系(陈昊，2021)。

6.9　基于低碳业绩评价与管理的价值创造理论

6.9.1　低碳增加值评价体系

传统经济增加值(EVA)的定义是税后净营业利润与全部资本成本之间的差额，计算公式为：EVA＝NOPAT－WACC×TC，其中 NOPAT 代表税后净营业利润，WACC 代表加权平均资本成本，TC 代表调整后的企业总资本。

2010 年，国务院国资委将该项指标应用于中央管理的企业，并推广至所有的国有企业，如今许多非国有企业也在使用 EVA 进行绩效考核。国务院国资委对 EVA 的计算做出了明确的规定：经济增加值＝税后净营业利润－资本成本＝税后净营业利润－调整后资本×平均资本成本率，其中税后净营业利润＝净利润＋(利息支出＋研究开发费用调整项－非经常性收益调整项×50%)×(1－25%)。国务院国资委规定央企的资本成本率以5.5%进行 EVA 的相关要素计算，调整后资本的计算公式为：调整后资本＝平均所有者权益＋平均负债合计－平均无息流动负债－平均在建工程。该指标考虑了资本价值因素，近乎完美地展现了企业的经营状况，但是依然存在单纯注重经济效益而忽略环境效益的缺陷。如果企业单纯以经济增加值为衡量标准，会因为短视而寻求短期投资项目，不利于企业长远发展(Klassen et al.，1996)。

在“双碳”目标的要求下，对传统经济增加值进行改进，综合考虑经济效益和环境效益。有学者提出“绿色 EVA”来评价企业的环境绩效，这种算法仅仅是在传统经济增加值上进行加减项的调整，并且对环境收益和环境成本的计算较为复杂。我国碳市场尚未发展成熟，相关指标无法计算。因此，参考闫华红等(2016)的研究，本书对传统经济增加值进行改造，在考虑企业活动对碳排放产生影响的情况下，构建低碳增加值的计算方法。

$$\text{低碳 EVA}=\text{传统 EVA}\times\sum\text{某企业每项碳排放绩效指标}\times\text{权重} \tag{6-2}$$

式(6-2)是依据资金流和内部价值链价值创造对传统 EVA 进行的改造，与表 6-1 设置的碳排放绩效指标共同构成完善的低碳绩效评价体系，用来衡量企业的财务绩效和低碳绩效。

表 6-1 碳排放绩效指标

价值创造环节		指标	计算方法	对绩效的影响	参考比重
资金流	融资活动	绿色债务融资比例	通过绿色债务融资方式融资金额/债务融资总额	正向	5%
		绿色股权融资比例	通过绿色权益方式融资金额/权益融资总额	正向	5%
	投资活动	低碳项目投资比例	低碳项目投资金额/投资总额	正向	5%
		低碳资产占用率	低碳资产/总资产	正向	5%
内部价值链	研发设计环节	低碳技术研发费用比例	低碳技术研发费用/研发费用总额	正向	5%
		低碳专利比例	当年低碳专利数量/当年申请的专利总量	正向	5%
	采购活动	低碳原材料占比	低碳原材料/全部材料	正向	5%
		绿色供应商占比	绿色供应商/全部供应商	正向	5%
	生产环节	碳排放减少率	(上年碳排放量－本年碳排放量)/上年碳排放量	正向	10%
		清洁能源使用率	使用的清洁能源/使用的全部能源	正向	10%
		循环利用能源减排率	因循环利用能源而减少的碳排放量/全部碳排放量	正向	10%
	销售环节	绿色产品销售比重	绿色产品销量/全部产品销量	正向	2.5%
		绿色包装节约效益	绿色包装节约成本/全部成本	正向	2.5%
资源整合	人力资源管理	环保投入培训比例	环保培训投入成本/全部人力投入成本	正向	10%
	企业制度管理	企业碳排放管理制度	专家评估打分	正向	5%
	低碳文化建设	低碳文化建设投入比例	低碳文化建设投入资金/管理费用总额	正向	10%

表6-1列出了碳排放绩效指标，这些指标将资金流价值创造、内部价值链价值创造以及资源整合价值创造三个环节结合起来，并且根据每个部分的重要性判断其比重，从而得到了完整的基于企业碳排放价值链的绩效评价体系。但是，不同企业的实际碳排放情况不同，在实际应用中，企业应该根据所处地区、所处行业以及进行碳排放控制对周边产生的影响，对于具体的指标使用场景和指标权重加以细化。同时，可以根据行业的不同，设计更具针对性的行业碳排放绩效指标。

6.9.2　平衡计分卡评价体系

平衡计分卡是常见的绩效考核标准之一，从财务层面、客户层面、内部运营层面、学习与成长层面四个维度，将组织的战略落实为可操作的衡量指标和目标值的一种新型管理体系。当前，国家提出了“双碳”目标，对企业也提出了一定的要求，并通过法律规章加大对企业碳排放的处罚力度，对保护环境、减少碳排放的企业予以政策优惠。因此，重新构建平衡计分卡体系是非常重要的一环。

构建平衡计分卡体系的基本步骤：企业分析内外部环境，明确优劣势和面临的挑战，以此确定企业的低碳战略→以低碳战略为基础确定平衡计分卡的四大维度目标→将目标落到实处→制定绩效管理制度→定期沟通反馈，调整战略目标→利用平衡计分卡体系整合其他管理系统。

（1）低碳战略的确定

作为微观经济的主体，企业要想在满足当前“双碳”目标的要求下突破发展桎梏，实现经济效益和低碳效益双丰收，就必须建立符合自身发展的绩效评价体系，并且根据市场和自身的变化不断完善，朝着企业发展战略不断前进。根据“双碳”目标的要求，企业应将低碳发展作为企业的战略目标，积极引进新的技术和管理模式，完善原有的平衡计分卡体系，在减少碳排放的同时提高生产运行效率，使得自身更具有竞争力。

（2）战略地图

根据平衡计分卡，设计初步的战略地图（见图6-2，具体企业需要进一步详细绘制），从四个维度剖析企业各环节的价值驱动因素。

① 财务层面目标。财务指标是衡量企业是否实现战略目标的最重要的定量标准。在“双碳”目标的要求下，企业应该保障资金链良性运作，扩大低碳资产的规模，为低碳技术的研发和运营模式的转变提供充裕的资金，从而促进企业低碳发展。企业由于低碳研发，短期的低碳财务绩效可能会受到影响。

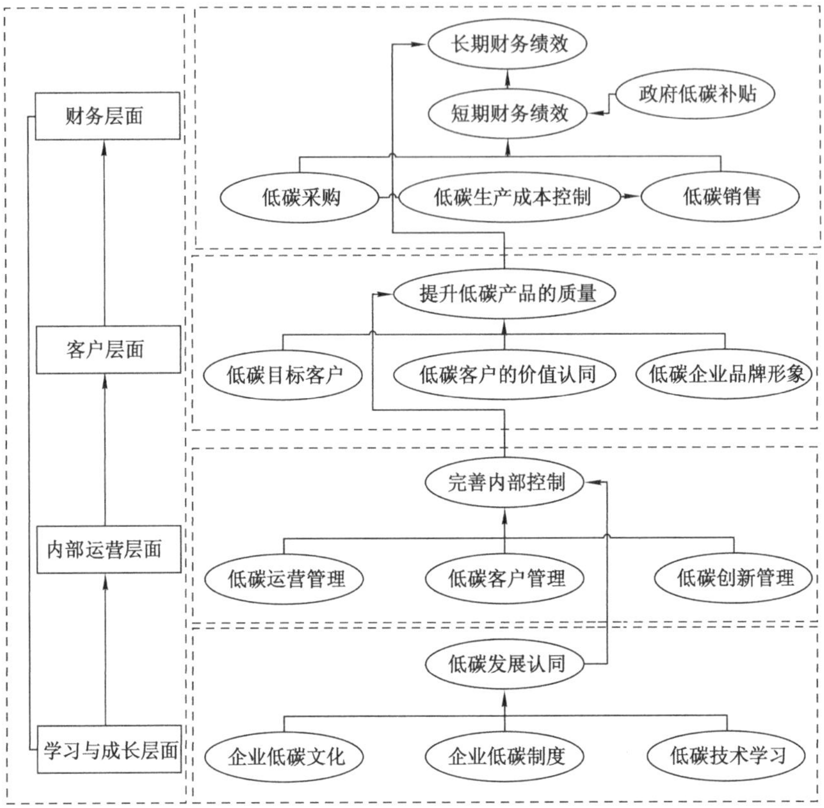

图 6-2　初步战略地图

要考虑政府的财政补贴和税收优惠对短期财务绩效的影响，同时重点关注企业的长期低碳绩效。财务层面的考核是战略地图的最终目标，因为优化客户层面的流程、优化企业内部运营层面以及员工学习和成长的最终目的都是促使企业能够实现财务目标、提升企业价值。

② 客户层面目标。客户是企业获得稳定收入的最重要的来源。因此，企业不能只埋头苦干，而要看得长远，明确目标客户的低碳需求。为客户提供适合的低碳产品和技术服务，在提高客户满意度、赢得客户忠诚度的同时，增强企业竞争力，实现双赢。企业发展到一定阶段可以从国内市场拓宽到国际市场，实现拓展销售渠道的目标。客户的低碳认同与不断提高的产品质量，最终会提高企业的长期财务绩效，从而提升企业价值。

③ 内部运营层面目标。内部运营战略目标需要同时满足财务和客户的需求，也要能够指导学习与成长维度目标的管理。内部运营的战略目标包括稳健运营、客户关系管理以及低碳化。企业可以将互联网技术、人工智能、大数据等新技术与原有传统技术融合在一起，在日常运营中精细管理，保障各部门高效运作，减少碳排放。实现低碳管理、强化内部控制，可以提高产品的质量，最终影响企业的财务绩效和企业价值。

④ 学习与成长层面目标。该维度的战略目标需要为其他三个维度提供强大的驱动力。学习与成长层面目标应该让企业不同层级的员工获得相应的、及时的培训，并且针对不同岗位提供不同的低碳类课程，完善企业人才培养体系和低碳文化建设。此外，不同形式的激励也可以稳定企业核心员工，推动员工不断提升自我，实现自我价值。最终，培养一支高素质、懂低碳的精英团队，提高企业的内控能力，实现低碳发展，提升企业价值。

(3) 评价指标和评价标准

"双碳"目标对企业提出了新的要求，因此本书参考于晓燕(2013)的研究，补充低碳指标来重新构建平衡计分卡体系，从而绘制战略地图。

① 财务层面。由于原有的财务指标主要是从股东角度评估财务影响，包括盈利能力、风险状况和成长能力等方面，并不反映公司低碳资产的表现，因此可以增加以下指标：

$$低碳资产周转率=销售收入/平均低碳资产总额\times100\%$$

该项指标反映了低碳资产的运营能力，但由于低碳资产的投入是递增的，所以在公司向低碳经济转型的早期阶段不能单独使用，必须与其他指标结合起来。

$$低碳项目投资比例=低碳项目投资额/总资产\times100\%$$

该指标能够反映企业在低碳方面的成长，企业对低碳项目的投资越多，表明其在减少碳排放方面就越成功。

$$低碳资产净利率=净利润/平均低碳资产\times100\%$$

该指标反映了企业使用低碳资产并利用其获取利润的能力，一般来说，该项指标越大，表明企业运用低碳资产的能力越强(张静，2018)。

低碳 EVA，按照上文中描述的低碳 EVA 方式进行计算。

② 客户维度。客户是企业利润的来源，在追求利润的过程中，企业应该关注客户的满意程度。因此，从低碳的角度来看，可以用以下指标来衡量：

客户满意度：该指标可以反映出市场对企业生产的绿色产品以及提供的绿色服务的接受程度，也可以用来评估企业是否需要改进其产品和服务。

绿色产品市场占有率：该项指标反映了企业的低碳产品在市场中的竞争力，以及低碳技术创新能力和对环境的重视程度。

③ 内部运营维度。内部运营包括一系列活动，使得企业能够为客户提供产品或服务，在低碳经济的背景下，企业必须按照低碳经济的要求进行运营和管理，可以采用以下指标进行衡量：

环保设备拥有率和新能源使用率：该项指标可以反映企业对能源的利用效率，也能反映企业是否有能力从源头控制碳排放。

综合回收利用率：该项指标可以反映企业在资源循环利用方面的能力，也能反映企业的低碳竞争力。

资源能源消耗量：主要采用单位产值碳排放量来衡量，该指标的作用是衡量企业的能源使用效率以及碳排放量，帮助企业寻找减少碳排放的突破口，进行企业间的横向比较，激励其减少碳排放（褚蕊，2011）。

"三废"达标率和环境事故的发生次数：企业应该严格遵守相关制度，积极申领排污许可证，与政府部门合作进行大批量的低碳改造，维护企业的低碳形象。

④ 学习与成长维度。学习与成长维度的主要内容是企业如何通过学习得到提升，以保持竞争力。企业要想维持自身的竞争地位离不开企业员工的持续学习，只有与时俱进，及时根据内外环境和企业自身优劣的变换不断革新，才能为企业带来源源不断的成长动力。"双碳"目标对企业提出了新的要求，员工必须了解并掌握低碳知识、培养低碳意识、树立低碳理念，打造良好的低碳文化氛围。该维度可以增加以下指标衡量：低碳培训投入比率、管理层对低碳的认识程度、员工的低碳意识水平、低碳技术研发费用占比、低碳文化理念。

低碳培训投入比率可以反映出通过培训提高员工运用低碳理念的能力，并贯彻在其工作中，为促进企业与环境的和谐发展做出贡献。管理层尤其是高层管理人员的低碳意识可以反映企业未来发展方向。员工的低碳意识水平可以反映企业的低碳经营理念是否能够应用到企业的生产经营中，最大限度减少碳排放、提高能源利用效率。

低碳技术研发费用占比指标反映了企业投资低碳技术创新的比例，反映了企业节约能源、减少污染、降低碳排放的责任担当，反映了企业的技术竞争力。

企业只有树立低碳文化理念，才能真正提高资源利用效率、打造低碳核心竞争力，实现节能减排与低碳价值最大化。

这些指标的衡量标准会因行业的不同而有所不同，每个企业都有自身的独特之处，内外环境的变化以及时间的变化也会影响衡量标准，因此企业应该进行具体分析后得出适合自己的衡量标准。

6.9.3　低碳价值创造的管理研究

低碳 EVA 与平衡计分卡各有优势与不足，平衡计分卡体系可以通过四个维度对公司战略降维，而经济增加值可以确保评价体系的大方向不改变。选取财务和非财务两种指标构建一套完整、科学的评价体系，可以帮助企业实现价值最大化。低碳 EVA 充分考虑了企业的长期价值而非短期价值，这与平衡计分卡的基础理论有异曲同工之处，因此低碳 EVA 与平衡计分卡十分适配。在“双碳”的要求下，将低碳 EVA 与平衡计分卡有机地结合，使股东财富最大化与公司低碳战略紧密结合，使低碳绩效评价体系更加科学。

（1）建立健全保障机制

低碳绩效评价体系的顺利实施不能仅仅依赖某一个人或某一个组织的努力。低碳绩效评价体系涉及企业的方方面面，需要企业员工的共同努力。因此，企业可以建立专门的绩效评价小组，准确地进行绩效考核，并且及时反馈到管理层，纠正与低碳理念相违背的工作。此外，业绩评价小组需要了解企业的每种活动，在上岗前最好能够接受培训，防止评价过程中出现偏差。

（2）细化低碳评价指标

每个部门的职责不同，员工的工作也不同，所以在碳排放方面使用的指标也不尽相同。企业应该根据低碳战略目标制订明确的低碳计划，明确各级、各部门的职责，将低碳目标与具体的工作相结合，一层一层安排到各部门，据此细分评价指标，保证将绩效考核的细节落实，提高员工的工作积极性，推动企业的低碳发展。

（3）健全奖惩制度

设置完整、科学的低碳绩效评价体系的目的是找出需要改进的地方，加以反思、改正，这样才能真正发挥出低碳绩效评价体系的真正作用。因此，企业必须健全相关奖惩制度，将奖惩制度与低碳绩效评价体系结合起来。通过激励制度提高员工自觉性，积极主动地重视低碳评价指标；通过问责制度对与出现问题的环节有关的员工进行问责，实施相应的惩罚。引导员工将自身利益与企业低碳战略相挂钩，员工在为低碳战略目标做贡献的同时获得相应的利益。

（4）适时进行动态调整

企业的内外部环境并非一成不变,企业的低碳评价体系也不能一成不变。因此,企业应适时根据实际情况调整低碳绩效评价体系,更好地适应环境变化,更顺利地实现低碳战略目标。

当前,企业必须承担减少碳排放的重任,积极进行低碳管理,在“低碳环保”和“创造价值”之间找到平衡,使两者形成相辅相成的关系(甘昌盛,2011)。低碳管理不能仅仅成为削减成本、降低风险的手段,而是应该成为企业利润的源泉。由于低碳管理的价值难以在短期内体现出来,只有较长的时间才能发现其中的价值,所以企业应当把低碳管理看作“预先获得未来的竞争力”,把可持续发展写入企业战略中,从被动的保护环境变为主动的低碳管理,同时实现经济效益和环境效益。

第 7 章　“双碳”背景下企业价值创造路径的实现机制研究

本章内容主要论述“双碳”背景下企业价值创造路径的实现机制，包括实施的配套机制、具体实施机制与调整机制（图 7-1）。首先，对“双碳”背景下企业价值创造路径实现的配套机制进行研究；其次，选择一家具体企业，对“社会政治-市场-企业”三层次操作指引进行设计，并作为试验模板进行试点推广；最后，根据试点情况，对比实施前后的效果，进行完善研究。

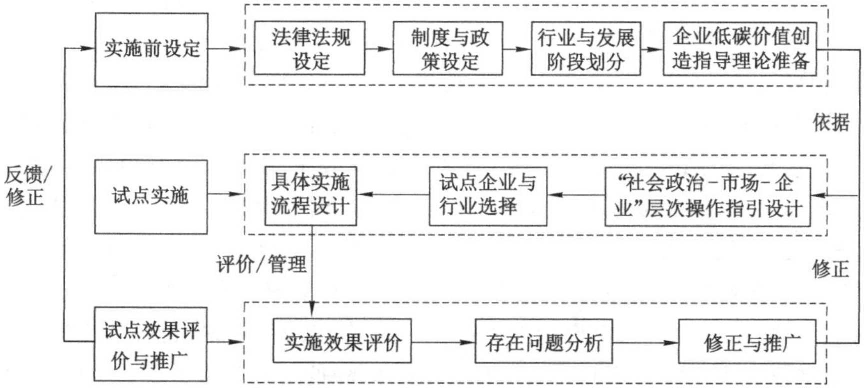

图 7-1　“双碳”背景下企业价值创造实现路径与应用

7.1　企业价值创造路径实现的外部环境设定研究

7.1.1　国际环境设定

美国承诺到 2030 年碳排放量减半、到 2035 年实现发电零碳排放的目标。

为此，美国快速发展风电、光伏发电等可再生能源。在 2021 年 11 月，美国通过了《重建更好未来法案》，提出风电、光伏发电的投资可以抵税或者免税。美国出台的政策对新能源汽车实施更高的税收抵免和补贴额度，希望未来实现新能源汽车替代燃油车。由此可见，为了更好地达到减排目标，美国政府在政策上支持清洁能源企业的发展。欧盟承诺到 2030 年年底，碳排放量较 1990 年相比要减少 55%。为了尽早实现该目标，欧盟扩大了“碳交易”市场、停售燃油车、扩大可再生能源占比、设立碳边境税等多项全新法案。欧盟拟减少碳配额，用市场手段提高碳排放成本，倒逼可再生能源及绿色交通领域的发展。其中，德国的减排目标更加激进，拟 2022 年退出核电、2030 年之前逐步淘汰煤电。为了实现该目标，德国计划大幅提高风/光装机目标，到 2030 年海风装机 30 吉瓦(原计划 20 吉瓦)，光伏装机 200 吉瓦(原计划 100 吉瓦)。英国与德国类似，为了完成减排任务，也在逐步取缔煤电。英国政府在 2020 年公布《绿色工业革命十点计划》，提出了十个走向净零排放的计划要点。由此可见，欧盟为了完成减排任务，也出台了相应的政策，提升了碳排放企业的成本，大力支持和发展清洁能源产业。

实现“双碳”目标不仅是国际社会的要求，也是我国走可持续发展道路的必然选择。我国要想尽快实现“双碳”目标，就要加强国际合作。首先，在国际上我国要明确“减排”任务，我国与发达国家承担的是“共同但有区别的责任”。发达国家已经完成了工业化，二氧化碳排放的总量和人均排放量都远远超过我国。而我国的工业化尚未完成，二氧化碳排放量与发达国家相比，仍然较低。因此，发达国家要承担更大的减排责任，而我国现阶段要承担较轻的减排责任。其次，我国为了实现“双碳”目标，面临时间短、任务重的困难。我国要对标对表，围绕国际最高水平，进行全面的分析和学习。在学习国际先进经验的同时，结合具体国情，出台相应的法律和政策，保障“双碳”目标的实现。最后，引进西方先进的生产技术，改进生产条件，降低二氧化碳的排放。同时，要鼓励我国企业加强自主创新能力，提高产品的质量。企业生产的低碳产品不仅满足消费者的需求，还能保护环境。长期来看，这必然会导致低碳企业获得超额收益，增加低碳企业的价值，增加整个社会的期权价值。

7.1.2 国内环境设定

(1) 强制压力

“双碳”目标是我国迈向高质量发展的必由之路。实现“双碳”目标，法治是重要保障。我国目前尚无国家层面保障“双碳”目标实施的专门法律，但我国现行的《中华人民共和国大气污染防治法》《中华人民共和国环境保护法》《中华人民共和国可再生能源法》等有关法律均对"双碳"的内容进行了规制，并构成一定强制压力。例如《中华人民共和国大气污染防治法》第二条明确规定：对颗粒物、二氧化硫、氮氧化物、挥发性有机物、氨等大气污染物和温室气体实施协同控制。《中华人民共和国环境保护法》第六条规定：公民应当增强环境保护意识，采取低碳、节俭的生活方式，自觉履行环境保护义务；第四十条规定：企业应当优先使用清洁能源，采用资源利用率高、污染物排放量少的工艺、设备以及废弃物综合利用技术和污染物无害化处理技术，减少污染物的产生。《中华人民共和国可再生能源法》第二条规定：可再生能源，是指风能、太阳能、水能、生物质能、地热能、海洋能等非化石能源；第四条规定：国家鼓励各种所有制经济主体参与可再生能源的开发利用，依法保护可再生能源开发利用者的合法权益。这些法律虽然有利于我国减少二氧化碳的排放，发展清洁能源产业。但是，要想尽快实现"双碳"目标，我国必须出台一部国家层面的针对"双碳"目标实现的专门法律，加强法律的强制压力。在 2022 年 3 月的两会上，针对"双碳"立法已经成为众多全国人大代表关注的问题。相信在不久的将来，我国会出台一部保障"双碳"目标实现的专门法律。

只有做好法律保障，从法律层面确定"双碳"目标的地位，才能从根本上迫使企业加强自主研发，降低二氧化碳的排放。企业经营通常追求"眼前收益"，而忽视"远期收益"。企业进行低碳技术的研发、培养低碳人才，正是要追求"远期收益"，而放弃"眼前收益"。很多企业不愿意这样做，但是我国如果根据"双碳"目标进行立法，就会迫使企业不得不加强国际合作，改进生产技术，加大低碳研发投入，从而降低二氧化碳的排放，追求"远期收益"。长远看来，如果整个社会的企业都进行低碳生产，则会增加整个社会的期权价值。

(2) 规范压力

2021 年 10 月 24 日，中共中央、国务院发布了《关于完整准确全面贯彻新发展理念做好碳达峰碳中和工作的意见》(以下简称《意见》)。这是我国首次针对"双碳"目标颁布实施的部门规章，形成了现阶段的规范压力。

① 明确实现"双碳"目标将是全社会的系统性工程。《意见》明确了实现"双碳"目标需要"立足新发展阶段，贯彻新发展理念，构建新发展格局……把碳达峰、碳中和纳入经济社会发展全局"。《意见》提出建立绿色低碳循环发展的经济体系，表明了"双碳"目标不只是保护环境、防治污染领域的议题，也是经济发展全局的有机组成部分，将与经济社会发展中长期规划和其他各类规划衔接协调起来。《意见》同时明确了"坚持系统观念，处理好发展和减排、整

体和局部、短期和中长期的关系”，表明了实现“双碳”目标要遵循全国统筹的原则，坚持全国一盘棋，避免各地在落实“碳达峰、碳中和”过程中出现运动式减碳的行为。

② 明确了“双碳”目标关注的重点产业领域和未来的升级方向。《意见》明确了高耗能产业是降碳工作关注的重点。从 2018 年的数据来看，能源、钢铁、有色金属、石化化工、建材、交通、建筑等高耗能产业碳排放占比达到全国碳排放总量的 95.6%，《意见》明确了未来上述高耗能产业将出台专项“碳达峰”实施方案，针对性地开展各产业的降碳工作。

绿色低碳产业是未来产业升级的重要方向。目前我国绿色产业发展取得了一定的成效，截至 2020 年年底，我国可再生能源发电装机容量达到 9.34 亿千瓦，同比增长约 17.5%，新能源汽车保有量达 492.02 万辆，同比增长约 29.18%。然而我国绿色产业发展仍存在不足，如海上风电装机、高端装备制造、生物技术、信息技术等产业的核心技术较发达国家仍存在一定差距。目前日本推出了绿色产业发展路线图，对能源、运输与制造、家庭与办公三个类目下共 14 个绿色产业进行战略规划。我国也将增加绿色产业投入、创新绿色技术、培养绿色产业，以提升未来的产业竞争力。

③ 确定了能源是实现“双碳”目标的主战场。节约能源是实现“双碳”目标的首要方式。《意见》在工作原则中提出“把节约能源资源放在首位，实行全面节约战略，持续降低单位产出能源资源消耗和碳排放，提高投入产出效率”。该原则表明了 CCUS 技术和“生物碳汇”在短期内难以扩容的情况下，节约能源是当前的首选途径。

④ 实现“双碳”目标需要依托技术的突破性进展。深度脱碳要求发电、储能、电网、CCUS 等领域的技术出现突破性进展。一方面，“双碳”目标对新能源产生了巨大需求，而新能源的随机性、间歇性、波动性等特点使储能、电网领域同样面临转型升级的挑战。另一方面，实现“双碳”目标也需要吸收端的助力，在碳捕集利用与封存技术方面，我国目前已投运或建设中的 CCUS 项目约 40 个，试点示范项目规模不断壮大，发展态势良好。但是 CCUS 技术整体处于工业示范阶段，重大战略技术仍存在缺口，与“碳中和”愿景的需求存在差距。为此，《意见》提出强化基础研究和前沿技术布局，加快先进适用技术研发和推广，表明将编制“碳中和”技术发展路线图，培育一批国家重点实验室、国家技术创新中心、重大科技创新平台。

⑤ 提升“生态碳汇”能力是实现“双碳”的重要途径。在“生态碳汇”方面，我国目前森林覆盖率为 23.04%、森林蓄积量为 175 亿立方米、森林面积达到

2.2 亿公顷，森林面积和森林蓄积量持续增加，“生态碳汇”能力持续提升。但是现有成就距离《意见》中 2025 年实现森林覆盖率达 24.1%、森林蓄积量达 180 亿立方米，2030 年森林覆盖率达到 25%左右、森林蓄积量达到 190 亿立方米的目标仍存在差距，“碳汇”能力仍有较大的提升空间。《意见》提出将通过强化国土空间规划和用途管控等方式巩固生态系统“碳汇”能力，通过实施生态保护修复重大工程等方式提升生态系统“碳汇”增量。

国务院颁布的部门规章会对我国社会、市场以及企业三个层次形成规范压力，这种规范压力有利于我国建设低碳社会，低碳社会的形成又会提升企业价值。首先，从社会层面来讲，《意见》指出我国政府缺少针对碳排放的专项法律，也缺乏与降碳工作相配套的税收、投资等政策体系。对此，《意见》指出要全面清理现行法律法规中与“双碳”工作不相适应的内容，加强法律法规间的衔接协调，研究制定“碳中和”专项法律，使法律法规更具针对性，更有效地从法律层面推进“双碳”工作，进而提升整个社会的期权价值。其次，从市场层面来讲，主要通过完善全国碳排放权交易市场助力减碳工作。在“碳交易”体系建设方面，我国较欧盟等发达经济体相对落后。欧盟碳排放权交易体系起始自 2005 年，涵盖行业范围广、交易主体多，各方参与积极性较高。然而我国碳排放权交易市场之前一直处于试点状态，全国碳排放权交易市场与欧盟间存在一定差距，如全国碳交易市场碳排放配额发放的企业主体目前限制在电力行业，钢铁、水泥等行业仅在试点省市的碳交易市场被覆盖，碳定价体系仍不够完善、市场主体交易不够活跃、交易品种不够丰富。我国要不断完善碳排放权交易市场，助力“双碳”目标的实现，从而增加企业的市场溢价。从企业自身层面上讲，《意见》指出企业要将“低碳发展”作为企业战略，提升自主研发能力并改进生产技术，降低产品的二氧化碳排放，提升企业的账面价值。

(3) 模仿压力

我国提出“双碳”目标后，很多企业采取新的举措，积极落实减排政策。这些企业逐渐成为“双碳”目标实现的“领头羊”，同时这类企业的价值也发生了巨大的增长。这类企业逐渐成为同类企业学习和模仿的对象，对同类企业形成了压力。Dimaggio 等(1983)认为，不确定性是模仿行为的关键成因，通过模仿同群企业的行为，相关企业可以在不确定的环境中获得低成本的可行方案。当高碳企业模仿低碳企业进行低碳经营的时候，可以以较低的成本获得较好的经营方案，从而提升企业的价值。高碳企业可以模仿低碳企业的生产技术，模仿低碳企业的管理模式，从而走低碳转型之路，提升企业价值。对高碳企业来讲，看到低碳企业获得政府补助、低碳产品不断占据市场优势、企业价值不断提升时，高碳企业必然会有较大的生存压力和威胁，从而自觉地模仿低碳企业，走低碳发展之路。低碳发展既是社会对高碳企业的要求，又是高碳企业发展的必然选择。低碳模仿压力对高碳企业来讲，是以较低的成本进行低碳改革的必由之路。

7.2 企业低碳价值创造的行业与发展阶段分类实践研究

为了细分不同类型与不同发展阶段企业的具体情况，并对应建立相应的操作指引，本书按照是否为高碳行业与发展阶段两个维度进一步划分企业类型。行业方面分为高碳行业、低碳行业与清洁能源行业。企业发展阶段分为发展期、成长期、成熟期与转型期。

7.2.1 高碳行业的发展阶段

煤炭、电力、水泥、化工、石化、钢铁、建筑等行业属于高碳行业。

(1) 发展期

1953 年，我国开始了社会主义改造。1956 年社会主义改造完成后，我国开始系统地发展钢铁、煤炭、电力等高碳产业，为重工业的发展打基础。当时，国内外环境不够稳定，并且由于常年的战争，我国的经济基础非常薄弱。但是，全国人民在党中央的正确领导下攻坚克难，在工业化建设方面取得了很大的突破，初步建立了以高碳企业为主的工业化体系，解决了我国能源供给的重大问题。国家出资支持高碳企业的发展，解决我国的能源需求，因此出现了很多大型的国有高碳企业。但是，由于我国的技术落后，高碳产业难以生产出高质量的产品，很多时候仍然需要依赖进口。比如，当时我国的煤炭企业开采出的煤质量不高，开采过程中存在大量的浪费。进口替代战略是我国选择的方式，旨在通过进口保护我国尚未成熟的高碳产业，以保障产业链的完全发育。中华人民共和国成立初期，物资短缺，为了能够集中力量办大事，我国采用计划经济体制。我国的高碳企业通过计划经济集中了大量的社会资源，才得以快速地发展。但是，计划经济体制束缚供给和创新，对生产要素进行全面的行政干预，造成我国经济缺乏活力。高碳企业的产品无论是质量还是数量，在当时都无法满足国民需求。总而言之，中华人民共和国成立初期，我国的高碳产业虽然处于发展期，但是由于计划经济的束缚，并且尚未掌握核心的生产技术，造成了大量资源的浪费。高碳企业生产的产品供给与需求也极大不平衡，很多问题亟待解决。

(2) 成长期

1978 年,我国实施了改革开放,全面调整了发展战略。我国高碳企业的生产力迅速得以恢复,确定了渐进式改革的发展战略,逐步扩大企业的自主权,经济活力逐渐增强。一方面,在经济结构上,我国实行"调整、改革、整顿、提高"的八字方针,分配制度采用按劳分配为主、多种分配方式并存,这极大地提升了高碳企业的生产力。另一方面,我国实行了经济体制改革。从计划经济逐渐转变成市场经济,优胜劣汰的市场经济迫使高碳企业不断提高产品质量。同时,我国进行了企业改革,扩大了高碳企业的经营自主权。高碳企业能够成为独立的利益主体,经营自主权逐渐扩大,高碳企业逐渐可以拥有产品的自主定价权。高碳企业为了解决资金的需求,不再依靠中央的拨款,而是以独立的身份向银行贷款,自主经营,自负盈亏。此外,为了满足企业的融资需求,1990 年我国先后成立了上海证券交易所和深圳证券交易所。优质的高碳企业还可以在上交所融资上市,募集资金,扩大生产。当时,我国高碳企业进入了快速的成长期,生产力得到了释放。1990 年,我国煤炭、水泥的产量跃居世界首位,钢铁、发电量居世界第四,原油产量达到世界第五。由此看出,改革开放和经济体制的改革极大地推动了高碳企业的成长与发展。

(3) 成熟期

1992 年,邓小平南方视察并发表重要讲话,确立了我国对外开放的发展战略。2001 年 12 月,我国成功加入了世界贸易组织,这标志着我国对外开放开启新纪元。此时,全球掀起了信息技术的热潮,信息技术的发展改变了贸易模式,出现了新的支付方式,推动了物流产业的发展,很多交易都可以在互联网上完成。高碳企业利用了我国对外开放的发展契机,采用"引进来、走出去"相配合的发展战略,将国外先进的生产技术引入国内,促进我国高碳企业的发展,并将自己生产的优质产品出口到世界各地,增加我国的外汇储备,增强综合国力。但是,当时我国政府和人民已经意识到环境保护的重要性,不能只发展经济,而忽视环境保护。高碳企业也在积极寻找平衡经济发展与环境保护的方法。

(4) 转型期

2020 年,"双碳"目标的提出标志着我国高碳企业进入转型期。如何能够既降低二氧化碳的排放,又维持高碳企业的生产与发展?这成为高碳企业需要寻找的方法。我们以高碳企业中排放量较大的煤炭企业为例进行分析与讨论。对于煤炭企业而言,"降碳"并不意味着"去煤",现在我国清洁能源的供给远远达不到国内的能源需求。因此，为了达到“双碳”目标，盲目地限制煤炭企业的发展是不切实际的。煤炭企业要主动改进技术，提升能源的供给量，减少二氧化碳的“排放量”。对于高消耗、高排放的煤炭企业，国家要坚决取缔。但是，对于部分优质煤炭企业，国家要引导其进行技术创新和引进西方先进的技术，改进生产方式，提升生产效率，降低二氧化碳的排放。煤炭企业要研究二氧化碳的再利用技术，将产生的二氧化碳进行“封存”或者“再利用”（谢和平等，2021）。由此可见，未来的高碳企业只有依赖于技术的不断升级，才能平衡经济发展与环境保护。

高碳企业无论处于发展期、成长期、成熟期还是转型期，都发生了企业价值的增长，但是转型期的增速最快。技术落后、排放量大的高碳企业将会被淘汰。高碳企业只有主动改进技术、提高生产效率、降低二氧化碳的排放，才能生存下来。高碳企业转型期间会伴随着技术革命与产业革命，将会增加整个社会的期权价值。高碳企业提供低碳产品，低碳产品将会增加产品市场、并购市场、碳排放权交易市场的价值，使得这些市场的交易更加活跃，增加市场溢价。高碳企业生产的低碳产品更加能满足消费者的需求，不断增加的销售量会增加企业的账面价值。

7.2.2 低碳行业

农业是典型的低碳行业，下面将农业作为低碳行业的代表，分别梳理农业的发展期、成长期、成熟期和转型期。

（1）发展期

1949—1977 年，我国的农业生产水平较低，并且基础薄弱，采用的是封闭的小农经济模式（胡戟，1983）。这种经济模式无法促进生产力的提高，为了提升农业生产力，政府推行了土地改革运动，同时还改进农业生产技术，研制新式农具，并且推广优良品种。在这些积极措施的推动下，农业的生产力得到了提高，我国的农业得到了发展。

（2）成长期

1978 年，我国在农村进行家庭联产承包责任制的改革。土地不再按照公社承包，而是“承包到户”，每户农民生产出的粮食除了上交给集体的一部分，剩余的都归自己所有。按劳分配的思想解放了被束缚的生产力，粮食产量大幅提升，解决了我国人民的温饱问题。1992 年，党的十四大确立了农业经济发展的地位，我国更加重视农业的发展。2006 年，我国取消了农业税，并加大对农民的补贴（贺雪峰，2007），农民的生活水平得到很大的改善。随着农村改革的不断深入，农业得到很大的发展，农民的生活质量得到了很大的提高。农业发展的主要矛盾从解决人民的温饱问题逐渐转变为提供高质量的农产品，满足人民的生产生活需要。农业成长期不仅伴随着农村分配机制的改革、国家对农业的税收减免和政策扶持，还伴随着农业生产的机械化和现代化。大型的播种机和收割机不断应用到农业生产，农业的生产效率大幅提升，生产力得到了进一步的释放，农业发展进入快速的成长期。

(3) 成熟期

2010年之后，我国农业以较快的速度融入国际市场，农产品的出口量不断增加。同时，我国也不断引进西方先进的农业生产技术和设备。除了向西方强国学习先进的农业生产技术，我国还坚持独立培养现代化农业人才。我国提出科教兴农战略，高等农林院校不断涌现，培养了越来越多的农业专业人才。高等院校毕业的专业人才不仅将农业科技应用到农业生产中去，还不断利用生物技术改良农产品的品种，农业的发展迎来了全新的时代。2018年是实施乡村振兴战略的开局之年，我国农业要走以科技创新推动产业创新之路。科教兴农正逐渐改变我国农业经济的增长方式，农村成为我国经济新的增长点。同时，休闲农业和乡村旅游也极大地促进了农村经济的发展。到农村旅游、体验农村生活，成为人们休闲放松的新选择。随着互联网的普及，很多“新农人”选择在淘宝、抖音这些平台上销售农产品，越来越多的人才投身其中。我国农业的发展已经取得了巨大的成就，进入了成熟期。农业产量大幅提升，产业结构更加合理，农村面貌焕然一新，农民的生活水平也得到了很大的提高。

(4) 转型期

随着“双碳”目标的提出，农业的发展也进入转型期，从过去只重视农业产量和质量，到现在逐步过渡到兼顾环境保护，从而进行碳减排。由于我国走的是科技兴农之路，农业发展利用先进的机械设备和化肥，因此农业的碳排放也在逐年提高(王学婷 等，2022)。要实现“双碳”目标，农业减排势在必行。为了实现农业的碳减排，我国要提高农业资源利用效率，改善农业生产环境，发展低碳农业。

① 提升农业资源利用效率。第一，加强耕地资源的保护(吴贤荣 等，2014)。耕地资源的科学利用既可以实现固碳，又能提供人类必需的生活消费品。第二，推行节水灌溉技术，提高农业用水效率。

② 改善农业生态环境。第一，减少化肥施用总量，并达到减量增效(张广胜 等，2014)。化肥使用过量不仅会污染土壤，还会排放出有害气体。第二，

推进农业废弃物资源化，实现废弃物资源循环利用。面对种植业和养殖业生产过程中形成的不同类型的废弃物资源，必须因地制宜、科学施策，合理推进废弃物资源的循环利用工作。同时，还要创新秸秆利用方式，促进秸秆饲料化、燃料化、基料化和原料化利用等，切实改变因秸秆资源浪费、焚烧或随意堆弃而造成大量的碳排放以及环境污染的现状，千方百计促使已经以生物质方式固定下来的农业碳汇以各种方式得以固化和封存。

③ 培育低碳农业产业。第一，构建绿色农业供应链体系。推进农产品的绿色转型、能源损耗，探索发展绿色低碳流通，引导电商发展，不断提升农产品流通效率，降低流通成本和资源损耗，全面提升农产品及其加工品的价值与使用价值水平(李晓静 等，2020)。第二，推进绿色产业融合发展。以绿色为导向，推动农业、食品加工业等产业融合，建设一批具有示范效应的绿色低碳农业产业园区，带动农村三产融合发展，尤其要加快培育三产联动、融合共生、资源高效利用的复合型绿色低碳循环经济产业体系，实现农业农村产业发展的绿色低碳转型。第三，提升农产品“绿色化”水平。通过技术创新加大品种培优，发掘一批绿色安全的优质种质资源；通过使用绿色投入品来生产优质农产品，不断提升农产品品质；通过品牌建设和市场引导，强化绿色农产品品牌建设，打造一批地域特色突出、产品特征鲜明的绿色农产品品牌，提高品牌知名度和竞争力。第四，加快农业“碳交易”产业发展(金书秦 等，2021)。加快农业“碳汇”产品的研究研制和标准化体系创建，创新农业“碳交易”产品形式，不仅要包括农田、林业和湿地“碳汇”等，也需涵盖沼气和农业废弃物资源化利用的“碳减排”(夏庆利，2010)。第五，推动农业碳排放权交易市场体系建设，完善农业碳排放权交易市场制度与法规体系，为农业绿色低碳发展创造条件与环境氛围。

转型中的农业会促进企业价值的提升。低碳农业企业将会建立低碳循环生产的价值链，“绿色”的价值链会增加企业价值。低碳农业企业将会树立“绿色”企业形象，提升企业的社会声誉，从而增加企业的价值。低碳农业不仅要减少二氧化碳的排放，还要提高农业的“碳汇”能力，将空气中多余的二氧化碳进行有效的中和。农业生产进行“绿色革命”，必然带来农业企业技术革新，创新营销模式和销售渠道，提高销售量，从而提升企业价值。

低碳行业经历了发展期、成长期、成熟期以及转型期之后，逐渐走向利用先进科技的低碳发展之路。低碳行业将优化低碳技术，坚持低碳发展，为消费者提供优质的产品和服务。

7.2.3 清洁能源行业

清洁能源行业包括氢能、地热能、风能、太阳能、海洋能、核聚变能、生物质能等。为了实现“双碳”目标，我国加快了清洁能源行业的发展。

(1) 发展期

1957 年 4 月，新安江水电站动工建设，标志着我国首次利用水力发电。1975 年，我国首次利用地热能进行大规模的发电。1983 年，我国诞生了第一座光伏电站。1984 年，我国开始建设秦山核电站，开始了利用核能发电的时代。1986 年，我国首次利用风能大规模发电。这些成果标志着我国逐渐重视清洁能源发电，清洁能源发电行业逐渐兴起。

(2) 成长期

截至 2018 年，我国水电发电量位居全球第一，利用太阳能发电量位居全球第一，利用风电发电量位居全球第一。2018 年，我国清洁能源发电量是全球发电量的 1/3。我国有 5 家风力发电机制造商位居全球前十，9 家太阳能发电开发商位居全球前十。我国拥有全球最先进的水电技术和核电技术，利用光伏发电的技术也走在世界的前列。由此可见，我国在清洁能源装备制造和技术创新方面已经逐渐达到世界前列。我国为了保护环境，降低二氧化碳的排放，不断发展清洁能源产业，清洁能源产业进入一个快速成长期。

(3) 成熟期

2020 年 9 月，我国政府提出了“双碳”目标。我国对清洁能源发展高度重视，投资额连续多年位居全球第一，水电、风电、光伏发电装机量稳居全球首位，清洁能源产业逐步发展到成熟期。首先，随着我国经济的不断发展，GDP 总额跃居世界第二位。我国有经济实力来发展清洁能源产业。其次，我国又提出了“双碳”目标，在政策上将会支持清洁能源产业的发展。再次，技术创新是清洁能源产业发展的动力。清洁能源是资金、技术密集型产业，其发展离不开大量资金的投入和科技创新的推动。我国不断引进西方先进技术，同时加强本国的自主创新，加大技术支持，推动清洁能源产业飞速发展。最后，我国重视国际合作，推动清洁能源产业的发展。因此，清洁能源产业在我国会不断发展，清洁能源发电将逐渐取代火电，我国将建设清洁、低碳、高效的新型电力系统(黄强 等,2021)。

随着技术的进步，清洁能源逐渐会替代传统能源，成为能源供给的主力军。我国能源需求市场潜力巨大，如果清洁能源企业能提高发电量、解决储能和传输电力等核心技术问题，那将能够满足我国的能源需求。利用清洁能源的企业将会大大降低治理二氧化碳污染的费用，从而促进企业价值的提升。

（4）衰退期

随着科技的发展，我国不断对地球和宇宙的新型能源进行探索，可能会发现成本更低、效率更高、污染更小的新能源。此时，由于替代能源的出现，清洁能源产业将逐步走向衰退。

7.3 企业低碳价值创造的绩效管理工具研究

为了将“双碳”目标背景下的企业价值创造理论落地，少不了一些管理工具的应用。因此，“双碳”目标背景下企业价值创造操作指引需要在企业价值创造理论与行业类型的基础上，辅以管理工具，得到具体的操作指引，即“具体的操作指引＝企业价值创造理论＋行业类型＋管理工具”。低碳发展的管理工具一般包括：低碳社会形象管理工具、低碳市场商誉管理工具、基于资金流的企业低碳战略绩效管理工具与基于内部价值链的企业低碳战略绩效管理工具研究。企业应根据具体情况，选用这些管理工具中的一种或者几种进行具体应用。

7.3.1 低碳社会形象管理工具研究

企业通过满足政府、环保组织、行业组织等主体的减排需求，保持良好的低碳社会形象，从而实现“双碳”目标背景下的企业价值创造。企业所有保持低碳社会形象的方式与方法集合即为低碳社会形象管理工具。

（1）政府角度

首先，政府要为实现“双碳”目标而立法。比如，出台碳税，高排放的企业多缴税，少排放的企业少缴税。出台碳关税，对进口的高碳产品征税。其次，政府要进行税收优惠和补贴。对于企业来讲，实施减排在短期内会增加投资，对企业价值有负面影响。而政府的税收优惠和补贴可以弥补这一影响，帮助企业渡过低碳改革的“难关”。对于我国出口的高碳产品，当进口国有较高的碳壁垒时，我国要对出口产品进行补贴和退税，增强我国产品出口的竞争力，保护我国企业。再次，政府要出台碳排放会计核算体系准则和碳排放审计准则体系，为企业披露可靠的碳排放数据，为国家征收碳税提供依据。最后，要培养低碳高层次人才，在高校开设碳排放会计专业、碳排放审计专业、低碳电力专业、绿色交通专业等。低碳企业可以满足政府的“减排”需求，从而更加容易获得政府政策、资金和技术支持，从而直接提升企业价值。

(2) 环保组织

环保组织是“双碳”目标实现的重要补充力量，能有效弥补政府行为和市场行为的不足。首先，环保组织可以加大“双碳”目标的宣传，让广大的居民了解实现“双碳”目标的意义，让居民了解绿色出行、节约用电等方式可以减少二氧化碳的排放；让企业了解到自身的社会责任，主动采取有效措施进行减排。其次，环保组织要履行社会监督职能。环保组织对于违规排放的企业，要加大监督力度；对于责令不改的企业，可以向国家环保部门举报，采取强制手段。最后，环保组织还可以成立“双碳”基金会，为“双碳”事业募集资金，支持企业进行技术改革。低碳企业满足了环保组织的“减排”需求，从而获得更好的社会声誉和资金支持，可以提升企业的价值。

(3) 行业组织

要建设低碳行业，就要明确低碳行业会给企业带来增值。当某一行业成为低碳行业，本行业内企业的社会声誉会比较好，从而提升企业价值，更加容易获得超额收益。首先，低碳行业组织要制定相应的标准，确定哪些行业属于低碳行业，从而让这些行业的企业更加容易获得政府的政策支持和资金补助，从而直接提升企业价值。其次，低碳行业组织要制定相应的行业规范，确定行业内企业每年最高的排放限额，超标排放将会受到处罚。行业内的企业可以进行技术和相关资源的共享，从而提升企业价值。最后，低碳行业组织要建立优胜劣汰的机制，将减排比较优秀的企业加入行业组织，将减排比较差的企业剔除低碳行业组织。如果社会上形成一种良性竞争的氛围，各类企业都想进入低碳行业组织，那么行业组织将会带动整个行业进行低碳转型，提升企业价值。

(4) 企业

树立低碳社会形象有利于企业获得更好的社会声誉，提升企业的价值。首先，企业要将低碳作为发展战略，提高整个企业对减排问题的重视程度。其次，企业要引进和开发低碳技术，坚持低碳生产，建设低碳供应链、低碳生产链和低碳营销链，最终建成低碳价值链。最后，企业要建立碳核算制度，给产品贴上“碳标签”，记录产品从采购、生产到销售环节所有的碳消耗，标明其“碳足迹”。消费者在同类产品中可以优先选用低碳产品，从而促使企业价值的提升。

(5) 居民

低碳社会需要全民参与，居民要增强节约意识、环保意识、生态意识，采用低碳的生活方式。居民要主动了解实现“双碳”目标的意义，主动节约用电、绿色出行、购买低碳产品。企业需要在这些方面保持良好的社会形象，从而有助于企业价值创造。

7.3.2 市场低碳商誉管理工具研究

企业商誉是一种典型的不可辨认的无形资产，是企业获得超额收益的能力。狭义上的商誉是企业合并下产生的，而广义上的商誉是指企业获得高于正常投资报酬所形成的价值。低碳商誉是指由于企业拥有低碳生产技术，可以生产低碳产品，与同行相比，可以获得超额利润。

(1) 并购市场

企业并购时，并购方在选择并购企业时，要考虑被并购方是否拥有低碳技术，并购后能否有利于生产低碳产品，减少二氧化碳的排放。与同行业企业相比，并购企业将会具有竞争优势，容易获得超额收益，从而提升企业价值。企业掌握低碳生产技术将会拥有并购市场上的优势，成为并购方考虑并购的主要因素之一。企业并购后，并购方生产低碳产品能够满足政府、环保组织和行业组织的减排需求，使企业价值得到很大的提升。因此，并购方愿意出高价收购低碳企业，通过并购拥有低碳技术并进行低碳生产，从而更加容易获得政府的政策支持、资金支持，提升企业价值。同时，如果并购方拥有低碳生产技术，也更加容易并购其他企业。

(2) 资本市场

在资本市场上，绿色并购对并购企业形成巨大的"利好"，将会吸引更多的投资者愿意购买并购企业的股票，促使并购企业市值获得巨大的提升，从而提高企业价值。绿色并购符合我国的大政方针，这在资本市场上会让企业更加容易融资，投资者也更加愿意投资符合国家政策的企业。企业只有能够实现社会价值，才能实现自身价值。企业融资后可以改进生产技术，引进新的生产设备，进行低碳生产，增加企业价值。

(3) 产品市场

并购后，企业将会拥有低碳生产技术，能够更好地生产低碳产品，在产品市场上更加具有优势。低碳产品将更加容易赢得消费者的偏好，在市场上占据有利地位，大幅提升销售量，从而提升企业的价值。

7.3.3 基于资金流的企业低碳战略绩效管理工具研究

资金流是低碳战略绩效管理的重要一环。基于资金流的企业低碳战略绩效管理工具的核心内容是低碳 EVA 指标。从一般意义上来讲，决定低碳

EVA 指标大小的因素有两方面:一是低碳投资收益流入现金流;二是低碳筹资成本流出现金流。因此,从低碳价值创造的角度看,低碳投资收益流入现金流要大于低碳筹资成本流出现金流,这样才能产生正向低碳 EVA 指标,进而实现企业价值创造。同时,低碳 EVA 指标的计算方法也给我们提供了有效的管理工具,即企业需要通过低碳运营最大化提升低碳投资收益,获得融资成本更低的筹集资金。

7.3.4 基于内部价值链的企业低碳战略绩效管理工具研究

低碳战略企业内部价值链是为客户、股东、企业职员等利益集团创造价值所进行的一系列经济活动的总称。它是从供应商开始,直到顾客,企业价值实现增值的流程,一般由低碳产品研究开发、设计、生产、营销、销售和客户服务等作业活动组成。低碳战略的企业内部价值链是从采购到把商品传递给顾客过程中的系列作业活动,是企业内部流程的主要构成部分。基于低碳战略的企业内部价值链的创造要细化到价值链上的每一种作业,具体分析每一种作业对顾客价值的贡献额与消耗的资源,对作业在短期内进行有效管理,并从长期上对内部流程进行优化与再造。通过企业内部价值链的有效管理,可以提高效率,给顾客提供更多的使用价值,并有效控制资源的消耗,这样就可以赚取更多的利润,实现企业价值创造和环境保护。

7.3.5 基于企业低碳战略绩效评价的管理工具研究

要正确衡量企业的经济目标和减排目标的完成情况,就要建立低碳战略绩效评价体系。只有建立低碳绩效评价体系,才能客观评价企业的经济价值和减排价值(张玉琴,2014)。绩效评价体系要包括投资绩效评价、筹资绩效评价、营运绩效评价以及低碳价值评价等部分。绩效评价体系,要体现全面性,既要考虑经济绩效,又要考虑企业的减排情况;要体现可操作性,能够建立具体的指标评价体系,可以进行定量评价;针对特殊行业,还要增加特殊的行业指标体系,体现其行业特色。具有代表性的战略绩效评价体系是平衡计分卡,以绩效评价为抓手,全面落实企业低碳战略,实现战略目标。

7.4 基于“社会政治-市场-企业”三层次企业价值创造路径实现的具体实践设计

本部分根据“社会政治-市场-企业”三层次企业价值创造理论,结合不同类型企业的实际,建立社会政治、市场、企业内部价值链三个层面的企业价值创造操作指引,以供企业参照。

7.4.1 社会政治层面的操作指引研究

(1) 基于政府补贴与优惠支持的价值创造操作指引

① 获得政府低碳补贴的操作指引。政府要建立高排放企业"停产""转产"的财政补贴制度以及对低排放企业生产的财政奖励制度。制度中要对申报企业进行分类,针对不同的减排等级设置不同的补贴金额和方式。企业自主申报财政补贴或者财政奖励,政府机关的工作人员到申报企业进行实地审核,确定企业补贴的等级是否属实,等待审核通过后,补贴资金集中拨付。

② 获取政府低碳税收优惠的操作指引。政府要出台低碳税收优惠的具体方案,方案中包括优惠对象,比如对转产的企业、低碳生产的企业、低碳技术研发类企业进行税收补贴或者税收的减免。政府针对不同企业类型,出台不同的税收优惠政策。例如,低碳技术研发类企业的研发投入资金大、时间周期长、失败的风险高,因此政府对低碳技术研发类企业的税收优惠力度要大,补贴时间要长。企业获得低碳税收优惠的方法为企业自主申报,税务机关的工作人员实地审核,确定税收优惠的方式和等级,然后对企业进行税收补贴。

③ 获取政府其他低碳政策优惠的操作指引。政府除了货币性质的财政补贴、税收补贴等,还可以有技术支持、低息贷款等优惠政策。企业可以向政府申请低碳技术支持,政府受理后引导高校与企业合作,将高校研发的低碳技术应用到企业的实际生产中去。企业可以向政府申请低碳企业身份,政府受理后授予企业低碳认证。通过认证的企业可以更加容易获得低息的绿色贷款,或者以低碳品牌增加产品的竞争力,从而有利于企业的价值增长。

(2) 基于行业低碳领先的价值创造操作指引

① 行业领先者获取超额收益的操作指引。对于行业中低碳领先者生产的产品,政府可以批准企业申请,授予其低碳标签。政府和企业要加大宣传力度,倡导低碳消费,让获得低碳标签的产品在市场上更加容易获得消费者的青睐,获得销售优势。行业领先者不仅要在产品减排上下功夫,还要在产品质量上下功夫,提升产品的质量,不断满足消费者的需求,最终提升企业的价值。

② 行业领先者获取低碳先发优势的操作指引。行业领先者坚持低碳生产,向政府申请财政补贴和税收优惠,使产品在价格上获得先发优势。消费者会更加青睐于价格较低的低碳产品,产品的价格优势可以有利于提升产品的销售量,进一步提升企业价值。行业领先者可以向政府提出申请,获得低碳企

业的认证身份和产品的低碳标签。低碳企业和低碳产品的标识会让企业品牌和产品更加容易获得消费者的认可，从而获得低碳先发优势，增加产品的销售量，提升企业的价值。政府要加强宣传，倡导低碳生活。企业要加强营销，倡导低碳消费。政府和企业的低碳宣传让消费者认识到低碳消费的意义，从而自觉选择低碳产品，使得行业领先者获得低碳先发优势，最终提升企业价值。

③ 行业领先者获取低碳核心竞争力的操作指引。行业领先者的低碳核心竞争力是掌握的低碳技术。企业获得低碳技术的方式，一种是从外部引进，另一种是自主研发。从外部引进来看，政府要建立高校、科研机构与企业合作的桥梁，降低企业的低碳技术引进成本，让高校研发的低碳技术能够应用到企业生产中来。从自主研发来看，企业要提高自主研发低碳技术的能力，将企业自主研发的低碳技术应用到产品中来。低碳企业要成立行业协会，在协会内实现技术共享，提升企业价值。

(3) 基于行业碳壁垒的价值创造操作指引

① 实现碳排放费用(税)节约的操作指引。我国政府要完善碳配额制度，当企业超过碳配额进行排放的时候，要去向其他企业购买碳积分。高排放企业通过购买碳积分获得二氧化碳排放权，但是会增加企业碳排放费用。企业要减少碳排放费用，可以通过三种途径：第一种途径是向政府申请更大的碳配额，这样可以减少购买碳积分的费用，节省碳排放费用。第二种途径是坚持低碳生产，减少二氧化碳的排放，从而不需要购买过多的碳积分，降低碳排放费用。第三种途径是生产排放量较低的产品，从而获得国家奖励的碳积分，通过出售碳积分提高企业利润，提升企业价值。

② 获取低碳标志超额收益的操作指引。政府和企业要加大力度宣传低碳消费的意义，使低碳标志企业生产的产品更加容易占据市场，获得消费者的青睐。低碳标志企业要不断进行技术研发，改进低碳技术，坚持低碳生产。企业要一直维持低碳标志身份，消费者可以利用低碳标签对产品进行有效的甄别，选择低碳标志企业生产的产品。消费者要树立低碳消费的理念，坚持购买低碳标志企业生产的产品，促使低碳标志企业的价值提升。

③ 进入政府采购的操作指引。政府采购要优先选择带有低碳标签的产品，选择购买碳排放量低的产品，促进低碳企业的发展。政府采购低碳产品，对树立低碳企业的良好形象非常重要。政府采购低碳产品，让民众相信低碳产品的质量，从而选择低碳产品，促进低碳企业的发展，促使企业价值的提升。

④ 进入碳壁垒行业的操作指引。对于国外进口的高碳产品，我国要征收较高的碳税，限制高碳产品的进口。对于我国出口的高碳产品，政府要给予适

当的补贴，防止发达国家征收过高的碳税，影响这些企业的生存与发展。政府要引导我国高碳企业技术转型，走低碳发展之路，从而规避发达国家的碳壁垒。

(4) 基于环保团体认可度提升的价值创造操作指引

① 获取环保团体奖励的操作指引。环保团体利用自身的影响力提升团体内企业的知名度，从而影响消费者的消费行为，提升产品的销售量，进一步提升企业的价值。环保团体可以从高校和研究机构引进低碳技术，在团体内实现技术共享，提升环保团体内企业的低碳生产能力。环保团体内的企业要加强合作，实现资源共享，提升产品的质量和客户满意度。环保团体要对各个企业的减排情况进行排名，对减排情况较好的企业要予以物质奖励。环保团体要鼓励团体内企业的低碳技术创新行为，并且对取得低碳技术重大突破的企业进行物质奖励与技术推广。

② 实现环保团体沟通成本节约的操作指引。要节省环保团体与政府之间的沟通成本，可以让政府官员兼任环保团体的领导。在环保团体任职的政府官员，既了解环保团体运行的实际困难，又了解政府的减排目标，方便出面与政府中的相关机构进行沟通，降低环保团体与政府的沟通成本。要节省环保团体之间的沟通成本，可以通过组织环保会议，邀请不同环保团体参会。不同环保团体之间可以在参会过程中表达出本组织的减排目标、减排措施和遇到的困难，以及希望在哪些方面进行进一步的合作。

③ 获取环保团体认可潜在收益的操作指引。低碳企业参与环保团体可以提升和扩大企业的影响力，企业知名度的提升是企业的潜在收益之一。环保团体内的企业共享低碳技术，低碳技术的共享成为企业加入环保团体的潜在收益之一。消费者由于认可和信任环保团体，从而更加认可低碳企业销售的产品。消费者对低碳企业生产的产品的信任和认可，是企业的潜在收益之一。

(5) 基于社会良好形象的价值创造操作指引

① 获取外部社会收益的操作指引。企业树立良好的形象有利于从消费者、政府、供应商和低碳技术企业等方面获取外部的社会收益，提升企业价值。企业树立良好的社会形象有利于获得消费者的认可，消费者更加倾向于购买社会形象好的企业的产品。产品的畅销可以提升企业的价值。企业树立良好的社会形象是履行政府要求的体现，能够获得政府更大程度的认可和支持，从而更加容易获得政府的财政补贴和政策优惠，提升企业价值。供应商更愿意选择社会形象好的企业进行合作，提供低碳原料。社会形象好的企业更加容

易与低碳技术企业进行合作与技术共享,提升企业价值。

② 实现外部社会成本节约的操作指引。企业树立良好的社会形象,从消费者、政企合作、供应商合作等方面降低社会成本,提升企业价值。企业树立良好的社会形象,可以降低消费者对比相关产品的成本,让消费者更加容易选择需要的产品。企业树立良好的社会形象,可以让企业更加容易获得政企合作的机会,以更低的成本获得政府的支持,提升企业价值。企业树立良好的社会形象,在与供应商议价方面,会有一定的优势,更加容易获得质量较好、价格较低的原材料,从而降低生产成本。

③ 获取外部社会潜在收益的操作指引。企业树立良好的社会形象会获得良好的社会口碑,更加有利于吸引消费者消费;会拥有更好的供应商渠道和更好的销售渠道,会形成潜在的社会收益。

7.4.2 市场层面的操作指引研究

(1) 产品市场基于消费者认同的价值创造操作指引

① 基于消费者对低碳品牌认同的价值创造操作指引。环保团体和政府要通过权威途径,公布各个行业中的优质低碳企业。消费者通过环保团体和政府公布的企业名单,了解各个行业中的优质低碳企业。消费者通过认同低碳企业生产的产品,进而认同低碳企业的品牌价值。消费者一旦认同低碳企业的品牌价值,就会自觉选择维护低碳企业的声誉,选择购买低碳产品。消费者对低碳产品的认同,会促使低碳企业的价值提升。

② 基于消费者善因认同的价值创造操作指引。低碳企业要加强宣传,不断提升产品质量,加强消费者对低碳产品的认同感,让消费者从内心上更加认可低碳产品,更加愿意选择低碳产品。消费者内心的认同感会不断转化成对低碳产品的信任,从而使消费者自觉选择低碳产品,促使低碳企业价值的提升。

③ 基于消费者内在道德认同的价值创造操作指引。政府和环保组织要加强宣传,让消费者认识到购买低碳产品不仅可以满足消费者内在的产品使用需求,还能保护环境、减少污染。未来消费者购买低碳产品是一种趋势,是一种道德行为。消费者内心一旦有消费认同感,就会自觉选择购买低碳产品,认为这是一种道德行为。内在的道德驱动会激励消费者自觉购买低碳产品,维护低碳品牌,促使低碳企业价值的提升。

(2) 产品市场基于供应商认同的价值创造操作指引

① 基于低碳供应商选择的价值创造操作指引。优质的低碳供应商可以

降低企业生产产品的成本。低碳供应商提供低碳材料、生产低碳产品，也更加有助于获得消费者的认可，提升企业价值。行业协会要制定低碳供应商的标准，在网上公示符合要求的供应商。生产企业可以选择低碳供应商的产品，提升低碳供应商的企业价值。建立低碳供应商与科研机构的合作机制，不断改进低碳技术，生产高质量的低碳原料。建立低碳供应商与生产企业的合作机制，引导生产企业长期选择低碳供应商提供的原料。

② 基于供应商协同低碳化的价值创造操作指引。供应商前期共同研发低碳技术，共同进行大量资金的投入，降低企业风险。供应商协同研发出低碳技术后，要共享低碳技术，凡是参与低碳技术共享的企业，都可以进行低碳技术的共享。这种低碳技术共享会提升企业的价值，体现供应商协同的价值创造。供应商公布研发的技术时，要制订收益分配方案，参与的企业必须执行收益的分配方案，确保权责利的统一，促进长期合作。

③ 实现供应商认同的采购成本(时间)节约的操作指引。低碳供应商要建立与采购企业的长期合作关系，减少企业采购的时间成本。供应商之间要建立合作与竞争的关系：从合作方面看，供应商之间要共享低碳技术；从竞争方面看，供应商之间又要利用价格优势或者产品质量优势展开竞争。供应商企业要不断完善供应链管理的五个部分，即规划、采购、生产、交易、回收，提升企业价值。

(3) 资本市场基于低碳商誉的价值创造操作指引

① 基于政府低碳政策导向的市场价值增值操作指引。政府要对低碳技术研发的企业进行资金补贴或者税收优惠，对于研究低碳技术的高校给予研发资金的支持。企业满足政府低碳经营要求的时候，政府要给予资金支持和补贴。政府要制定碳税法和碳关税法，利用税收政策，引导企业自觉减排。政府要不断完善碳配额制度，推行碳积分制度，完善碳排放权交易市场。

② 基于低碳概念的市场价值增值操作指引。低碳概念可以增加上市公司的市场价值，散户会追逐低碳概念的股票。低碳概念股票的股价将会上升，企业市场价值将会增加。低碳概念的股票将会成为二级市场上的热点，成为资本追逐的新目标。

③ 基于低碳商誉积累的市场价值增值操作指引。低碳商誉是由企业并购活动产生的，高排放企业通过并购低碳企业可以获得低碳生产技术，低碳企业通过并购活动可以获得高排放企业的资源。企业并购可以获得低碳商誉，低碳商誉可以让企业获得超额利润，从而提高企业的价值。

(4) 并购市场基于低碳并购的价值创造操作指引

① 基于并购低碳企业产生的价值增值操作指引。国家出台低碳企业并购方案，引导低碳企业与高排放企业并购。高排放企业通过并购获得低碳先进技术，从而生产低碳产品。在资本市场上，通过并购低碳技术企业，企业市值会获得巨大的提升。

② 基于被低碳企业并购产生价值增值的操作指引。政府要出台政策法规，规范被低碳企业并购的流程，引导低碳企业并购。低碳企业要积极发掘优质企业，主动去并购高排放的优质企业；需要低碳技术的高排放企业也要主动去寻求优质低碳企业，进行并购。并购后，并购双方的企业价值可能会发生巨大的提升。

③ 基于不同低碳并购类型的价值创造操作指引。高碳企业要主动去兼并低碳企业，优化生产流程，改进生产技术，生产低碳产品。高碳企业要主动引进低碳生产技术，采用低碳生产，生产质优环保的产品。低碳企业之间的并购可以进一步提升低碳技术，优化低碳生产，形成低碳产业。

(5) 碳排放权交易市场基于低碳经营的价值创造操作指引

① 低碳经营企业的实物期权价值创造操作指引。国家设立低碳经营企业的实物期权价值交易市场，准许实物期权交易。国家出台相关政策法规，规范实物期权交易。证监会要出台相关文件，引导实物期权交易。参与低碳经营的实物期权投资者要学习交易规则，提升投资收益。

② 低碳经营企业的短期价值创造操作指引。低碳企业短期内进行技术研发、引进低碳技术，可能会有较大的资金投入。但是，企业要会利用国家的财政补贴、税收优惠以及技术支持，在短期内提升企业价值。低碳技术的应用可以减少二氧化碳的排放、减少企业的碳排放费用，短期内也可以提升企业价值。

③ 低碳经营企业的长期价值创造操作指引。低碳企业共享低碳技术，分享低碳技术带来的收益，可以提升企业的长期价值。国家长期以来的财政补贴和税收优惠可以提升企业价值。低碳企业坚持低碳生产，带来环境的改善，减少二氧化碳的排放，可以给企业以及国家带来长期的价值创造。

7.4.3　企业内部价值链层面的操作指引研究

(1) 基于企业低碳资源与能力整合的价值创造指引

① 低碳资源优化配置的操作指引。企业要选择低碳的原材料、排放量较低的燃料进行低碳生产，对于高排放的原材料和燃料要有意识地规避，在生产中不选择高排放材料。在生产设备的选择上，要选择低碳生产设备，坚持低碳

生产。

② 低碳核心能力整合的操作指引。低碳核心能力，即研发和应用低碳技术的能力。企业只有不断改进低碳技术，才能不断生产出质量优、排量低的产品。低碳核心能力研发的低碳技术要应用到生产过程中碳排放量较大的环节，从生产环节降低碳排放。对于生产环节排放量较大的设备，要及时更新，选择碳排放量较低的生产设备。

③ 低碳资源与核心能力匹配整合的操作指引。选择低碳材料和燃料，利用低碳技术和设备，生产排放量较低的产品。将低碳的材料、燃料与低碳技术相结合，生产低碳产品。

(2) 基于低碳融资的价值创造操作指引

① 实现股票融资成本节约的操作指引。上市公司选择低碳项目进行资本市场融资，发布招股说明书，写明融资的目的和意义，在资本二级市场上公开发行股票。对于低碳项目股权融资，国家要进行鼓励，在政策上予以支持，降低融资手续费，降低企业的融资成本。国家除了给予政策上的优惠，还可以直接给予财政补贴，降低企业股权融资成本。

② 实现债务融资成本节约的操作指引。选择低碳项目进行债务市场融资，利用银行等金融机构发行公司债，向社会公众进行公开融资。国家针对低碳项目债权融资要出台政策，降低债权融资费用，让企业可以以更低的成本进行债权融资。

③ 实现其他环境权益融资方式成本节约的操作指引。通过企业员工集资的方式进行低碳生产，给员工讲明企业低碳生产的长远意义和回报，让员工自愿为企业融资，降低企业的融资成本。或者在资本市场上利用其他权益工具进行融资，建立生态链融资渠道。

(3) 基于低碳投资的价值创造操作指引

① 实现企业低碳投资规模回报效应的操作指引。低碳技术投资，政府要起到主导作用。低碳技术投资面临资金投入大、回报周期长、短期收益小、失败风险大等困难。因此，要进行低碳技术的研发投资，主要应该是依靠政府投资。政府通过课题资助的形式，支持高校的科研团队进行低碳技术的探索和开发。政府要引导高校将低碳技术进行转化，应用到企业的现实生产中去。企业的低碳投资主要通过购买低碳技术和设备来实现，企业低碳投资的回报主要通过生产和销售低碳产品后获得超额收益来实现。随着消费者对低碳产品的认可程度越来越高，以及政府对高碳产品生产和销售的限制，低碳产品必然会给低碳企业创造超额价值。

② 实现企业低碳投资效率效应的操作指引。企业选择合理的低碳项目进行投资，提升投资回报率；采用绿色信贷渠道降低融资成本，从而提升投资收益；引进低碳生产技术和设备，采用低碳材料生产低碳产品，从而提升投资效率。

③ 实现企业低碳投资衍生回报效应的操作指引。企业低碳投资衍生回报通常体现在技术革新上。企业进行低碳投资，通常会促使企业创新，提升低碳技术研发能力。

(4) 基于低碳研发的价值创造操作指引

① 基于低碳技术创新的价值创造操作指引。我国企业要向西方发达国家学习，学习先进的低碳生产技术。国内企业要提升自主研发低碳技术的能力，给低碳技术研发人员建立合理的薪酬激励机制。政府对企业引进低碳技术给予补贴，对企业自主研发低碳技术给予奖励，对适用于我国生产的低碳技术进行广泛的推广。低碳技术的开发与应用可以减少二氧化碳的排放，提升企业的价值。

② 基于低碳产品设计的价值创造操作指引。企业要明确生产低碳产品是符合国家长远利益的，是符合我国消费者低碳需求的。要引进低碳技术，利用低碳生产设备，进行低碳产品的设计和生产。在低碳产品设计过程中，关注风险，提升用户的体验感。

③ 基于低碳产品改良的价值创造操作指引。低碳产品改良要关注如何提升用户体验感。低碳产品改良要能够给客户二次设计的空间，让客户根据个人的需求进行产品设计。改良产品要用更加优质的材料，增强产品的耐用性，提升产品的使用寿命。

(5) 基于低碳生产的价值创造路径操作指引

① 基于低碳生产技术运用的价值创造操作指引。首先要研发低碳技术，对员工进行低碳技术应用培训，将低碳技术应用到生产中去，提升低碳技术在产品生产中的应用，降低产品的碳排放量。

② 基于低碳生产导向的内部流程再造的价值创造操作指引。建立低碳生产内部管理流程，进行员工培训，让员工了解低碳生产内部流程的标准化操作。利用信息化手段，记录、优化、监督内部流程，实现低碳内部流程管理的信息化，从而提升企业的价值。

③ 基于员工低碳意识提高的价值创造操作指引。培训员工，让员工认识到国家“双碳”目标的重要意义，认识到低碳生产的重要性和必要性，提高员工对低碳生产的认同感，将低碳生产作为企业文化。员工认同低碳生产，将会在

采购、生产和销售环节自觉降低碳排放。员工会不断进行创新,优化生产技术,降低各个环节二氧化碳的排放。

④ 基于低碳导向的内部价值链整合的价值创造操作指引。企业要制定低碳发展战略,制订低碳融资方案、低碳投资方案、低碳生产方案以及低碳价值创造方案,整合低碳导向的内部价值链,提升企业价值。

(6) 基于低碳销售与售后服务的价值创造操作指引

① 基于低碳营销的价值创造操作指引。政府要宣传低碳产品,让消费者意识到购买低碳产品是利国利民的行为。企业要宣传低碳产品,让消费者认识到购买低碳产品是正确的选择。政府和企业要通过低碳营销,让消费者认识到购买低碳产品不仅能够满足自身需求,而且是有利于国家长远发展的行为。要通过低碳营销让消费者自愿选择低碳产品,从而提升企业价值。

② 基于迎合低碳消费的价值创造操作指引。满足消费者的低碳消费需求,拓宽营销渠道,引导消费者进行低碳消费,从而提升低碳企业的价值。

③ 基于低碳售后服务的价值创造操作指引。售后服务也需要关注碳排放,售后服务要实现减排的目的。对于售后服务中碳排放量较高的环节,要予以取缔,实现低碳售后服务。

7.4.4 企业低碳价值创造绩效评价与管理操作指引研究

(1) 基于低碳增加值评价体系的价值创造操作指引

从低碳融资、低碳投资、低碳研发、低碳生产、低碳销售、低碳人力培训投入以及低碳文化建设等方面,设计低碳增加值评价体系,全面、客观地对企业的低碳增加值进行评价。

(2) 基于平衡计分卡评价体系的价值创造操作指引

建立平衡计分卡,从财务、客户、内部运营、学习与成长四个角度绘制战略地图,将组织的低碳目标落实成可操作的衡量指标。低碳目标必然要满足企业的财务目标,实现企业的价值增值。低碳目标要能定位准目标客户,满足客户的需求。低碳目标会提升企业的运营效率,最终实现员工和企业的共同成长。

(3) 基于低碳价值创造管理的操作指引

考核企业的财务绩效增加情况,考核企业的社会责任履行情况,从而考核企业实现的低碳价值创造。

7.5 典型企业试点与地区推广研究

7.5.1 试点企业的选择标准

相关资料信息显示，汽车行业占全球二氧化碳总排放的7.3%，是全球碳排放较高的行业之一。A公司作为我国新能源汽车的代表，宣布实施低碳战略，拟准备率先试点"社会政治-市场-企业"三层次企业价值创造路径实现的具体实践，助力我国实现"双碳"目标。之所以选择A公司作为试点企业，有如下原因：首先，A公司是上市公司，财务情况和经营情况每年都通过年报向社会公众公开，较容易将试点前后的经营数据进行对比。通过年报中关键数据的对比，可以较为清晰地发现A企业实施了"社会政治-市场-企业"三层次企业价值创造路径实现的具体实践设计后，企业价值是否发生了明显的提升。其次，A公司坚持低碳发展的战略，拥有低碳发展的企业文化。A公司更加愿意实施"社会政治-市场-企业"三层次企业价值创造路径实现的具体实践，因为该指引与企业文化以及该企业的主流价值观相符。最后，A企业是一个成长型企业，在过去的十几年时间里，A企业由于坚持了低碳战略，渐渐由弱小走向强大，新能源汽车的销售市场从国内拓展至国际。但是，A企业在低碳发展过程中依然存在着问题和不足，需要实施"社会政治-市场-企业"三层次企业价值创造路径，进行不断的完善。

7.5.2 试点企业在低碳价值创造方面取得的成绩

(1) 试点企业社会价值创造方面已经取得的成绩

在政府财政补贴方面，根据工业和信息化部发布的《关于2021及以前年度新能源汽车推广应用补助资金清算审核终审和2020—2022年度补助资金预拨情况的公示》，A公司可以获得的直接财政补贴高达36亿元，位居全国新能源汽车公司的榜首。在税收优惠方面，本书主要从购置税和所得税两个方面进行探讨。在购置税方面，2014年8月，工业和信息化部与国家税务总局联合发布《免征车辆购置税的新能源汽车车型目录(第一批)》，对进入目录的新能源车型实施免征购置税优惠政策，该政策最初计划于2017年年底到期。随后，由于市场反响积极，为进一步刺激新能源汽车消费，相关部门发布《关于继续执行的车辆购置税优惠政策的公告》，将该政策延续至2020年12月31日；2020年4月，为促进汽车消费，新能源汽车免征购置税政策被再延长两年至 2022 年年底。2022 年 9 月 18 日，财政部、税务总局、工业和信息化部联合发布《关于延续新能源汽车免征车辆购置税政策的公告》，明确对购置日期在 2023 年 1 月 1 日至 2023 年 12 月 31 日期间内的新能源汽车，免征车辆购置税。国家长期减免购置税的税收优惠，有利于 A 企业新能源汽车的销售，使得产品获得价格优势，提高产品的市场竞争力。在所得税方面，由于 A 公司属于高新技术企业，所得税减按 15%征收。所得税使用较低税率有利于企业获得更多利润，从而有利于企业长远发展。从其他低碳优惠政策来看，A 企业提出“零排放”战略，符合我国“双碳”目标，政府给予土地优惠。比如，政府准许 A 企业在产业园区以较低的价格使用办公楼，这极大地降低了 A 企业的生产成本。由此可见，试点 A 企业在未实施“社会政治层次价值创造指引”前，由于坚持低碳发展，在社会价值创造方面已经取得了比较好的成绩。但是社会的期权价值有待进一步提高，需要进一步实施“社会价值创造指引”。

(2) 试点企业市场价值创造方面已经取得的成绩

从产品市场方面来看，以 2022 年为例，由于 A 企业生产的新能源汽车符合我国的“双碳”目标，A 企业的销售量和销售额都发生了巨额的增长。A 企业当年的营业收入突破 4 200 亿元；归属于母公司的净利润为 160 亿～170 亿元，同比增长 425.42%～458.26%；扣除非归属于母公司的净利润 151 亿～163 亿元后，同比增长 1 103.55%～1 199.20%；基本每股收益 5.50～5.84 元。单以归属于母公司的净利润下限 160 亿元计算，已经超过了 A 公司 2017—2021 年五年的盈利总和。从资本市场方面来看，由于 A 公司前瞻性地押注新能源路线，产品在国内市场和国际市场表现出色，从而导致资本市场上的股价会有较大提升，成为资本追逐的热点。以 A 公司 2022 年 6 月的股价为例，每股的市值高达 358.76 元，公司总市值高达到10 443亿元。从并购市场方面来看，为了实现新能源大型客车的布局，A 公司 2022 年并购了一家客车公司。在未来大型客车运输方面，新能源汽车必然会替代燃油车，实现降碳的目的。相信在全球新能源汽车蓬勃发展的背景下，电动客车将会进一步提升 A 公司的产品销售量，进一步提升企业的价值。从碳排放权交易市场方面来看，A 企业 2022 年销售了新能源汽车 186.85 万辆，对应的碳积分配额奖励将会是 320 万分，如果单个积分按照 2 000 元计算，那么这部分收益将会超过 60 亿。在碳排放权交易市场上，超过碳配额排放的企业要向 A 公司购买碳积分。A 公司通过出售碳积分，可以提升企业的利润，提高企业的价值。由此可见，试点 A 企业在未实施“市场层次价值创造指引”前，由于坚持低碳发展，市场价值创造方面已经取得了比较好的成绩。但是 A 企业的市场价值还有进一步上升的空间，需要进一步实施“市场价值创造指引”。

(3) 试点企业账面价值创造方面已经取得的成绩

从账面价值方面来看，A 公司坚持低碳战略，以技术创新为驱动，坚守绿色梦想，开发符合国家战略方向和社会需要的技术和产品。A 公司生产新能源汽车符合我国的“双碳”目标，同时又能满足消费者的需求。因此，A 公司的账面价值发生了较大的提升。比如，2022 年，A 公司归属于母公司的利润高达 166.22 亿元，同比增长 445.86%。从融资方面来看，我国银行已经实施了绿色金融，A 企业可以以更低的成本向银行申请贷款。在资本市场上，A 企业实施低碳战略，符合资本追逐的热点，A 企业融资也会较为容易。充裕的资金保障可以提升 A 公司的研发能力，提高 A 企业的生产能力。比如，据权威机构预测，A 公司将推出新型电动汽车，企业的账面价值有望进一步增长。从内部价值链方面来看，A 公司坚持低碳采购、低碳生产和低碳销售，不断强化内控制度，生产出高质量的低碳产品。从员工培训方面来看，A 公司不断对员工进行低碳培训，提高员工对低碳的认识，让低碳文化成为企业文化，从而让员工自觉进行低碳生产。由此可见，试点 A 企业在未实施“账面价值创造指引”前，由于坚持低碳发展，账面价值创造方面已经取得了比较好的成绩。但是 A 企业的账面价值还有进一步上升的空间，需要进一步完善“企业价值创造指引”。

7.5.3 试点企业在低碳价值创造方面改进的措施

(1) 试点企业在社会价值创造方面的改进措施

A 企业试点“社会政治层次价值创造指引”后，整个社会的期权价值可能会有进一步的提升。政府可能会对 A 企业进行更大的财政补贴和税收优惠。比如，政府可以在更长时间内减免 A 企业生产新能源汽车的购置税，对 A 企业征收的增值税和企业所得税可以采用更低税率的方式征收。对于 A 企业出口的新能源汽车，我国政府可以采用免征关税和增值税出口退税的方式，让 A 企业生产的新能源汽车在国际市场上更加具有竞争力，打破西方发达国家的碳关税壁垒。同时，政府可能会对 A 企业进行低碳技术支持，引导 A 企业与低碳研究机构合作，共享低碳技术，提高 A 企业新能源汽车的质量；引导环保组织与 A 企业进行合作，利用环保组织的影响力，宣传 A 企业生产的新能源汽车，倡导绿色出行。政府要帮助 A 企业树立良好的品牌形象，好的品牌形象可以提升 A 企业新能源汽车的销售量。因此，随着 A 企业不断试点“社会政治层次价值创造指引”，A 公司可能逐渐成为我国新能源汽车的龙头，带动整个汽车行业转型,从而提升整个社会的期权价值。A 企业的快速发展不仅有利于我国"双碳"目标的实现,还能提供大量的就业岗位,促进社会和谐与经济发展。

(2) 试点企业在市场价值创造方面的改进措施

A 企业试点"市场层次价值创造指引"后,在产品市场、资本市场、并购市场和碳排放权交易市场会有一定程度的改进,进一步提升企业的市场价值。从产品市场方面来看,A 企业会不断改进低碳技术,生产高质量的产品,树立品牌效应,增强消费者认同和供应商认同。这样不仅可以降低产品的生产成本,降低二氧化碳的排放,还能提高产品的销售数量。从资本市场来看,较好的经营业绩会吸引大量的投资者。低碳概念的兴起也有利于 A 企业在资本市场上进行融资,股价可能会有较好的表现。从并购市场来看,A 企业未来可能会从家用新能源轿车车型、客车车型拓展至新能源房车、家用越野车等车型。因此,A 企业可能会为了节约研发时间和研发成本,并购其他车型的车企进行新型新能源汽车的生产。新型新能源汽车可能会拓展市场,增加目标消费者,从而提升企业的价值。从碳排放权交易市场来看,随着交易制度的不断完善,A 企业新能源汽车销售量不断攀升,A 企业可能会获得更多的碳积分奖励。A 企业通过出售碳积分,可以获得巨额的利润。因此,A 企业试点"市场层次价值创造指引"后,企业价值可能会发生较大的提升。

(3) 试点企业账面价值创造方面改进的措施

A 企业试点"企业价值创造指引"后,将会从企业的低碳战略、融资途径和成本、投资效率、内部控制以及绩效评价等方面进行完善,提升企业的账面价值。A 企业将会继续完善企业的低碳战略,将低碳发展逐渐融入企业文化,让企业员工自觉坚持低碳发展。A 企业将会优化融资途径,降低融资成本,提升资金使用效率。利用债权融资和股权融资双管齐下,充足的现金流可以保证企业能够有充足的资金进行低碳研发,提升产品质量。通过产品质量和销量的提升,企业的账面价值会发生增值。A 企业将会优化低碳投资途径,提升低碳投资效率,拓宽企业的资金来源;优化低碳采购、低碳生产、低碳销售和低碳售后环节,强化内部流程控制,控制产品的成本,提升低碳产品的质量;完善低碳绩效评价制度,建立完善的激励制度,让员工能够以最大的积极性参与到企业的发展中来。

7.5.4 实践指引修正与完善

从试点企业 A 公司来看,在社会层面,政府进行了大量的财税补贴和技术支持。在市场层面，消费者对新能源车的认可程度提高，新能源汽车销量激增。在碳排放权交易市场上，A 公司也能获得巨额利润。在企业层面，A 企业的净利润激增，企业账面价值激增。

但是，实践指引在社会层面存在以下问题：① 政府补贴是否足够支持低碳企业研发。低碳技术研发具有前期投入较大、短期回报较小的特点。政府进行的财政补贴和税收优惠能否足够持久地支持低碳企业的研发。② 政府的低碳补贴资金的使用效率问题。政府补贴的资金是否"好钢用在刀刃上"，不存在资金的挪用和乱用情况。政府现有的制度中，缺少专门对低碳补贴资金监督的制度和法律。同时，也没有专门的部门负责监督低碳补贴资金的使用。③ 低碳人才的培养问题。现在高校很少有开设和低碳研究相关的专业，这就造成了低碳人才的匮乏。人才的培养不是一朝一夕可以造就的，而是需要国家长久和持续的投入。

实践指引在市场层面存在以下问题：① 产品市场上较多地关注消费者认同和供应商认同，较少地关注同类竞争品的情况。A 企业不仅要考虑自身产品的改进，还要关注燃油车产品的更新换代情况，关注新能源汽车替代品的发展情况。② 我国的资本市场起步较晚，还不是很成熟。二级市场上的投资者通常是以"投机"目的为主，较少地以"投资"为目的。A 企业不要被盲目攀升的股价"蒙蔽"了双眼，要理性看待投资者追逐"低碳热点"的行为，为股东不断创造价值。③ 我国的并购市场也处于逐步完善的阶段，还没有完全成熟。A 企业作为主并方，现在主要关注的是一些即将被市场淘汰出局的车企，对这类企业进行并购。日后可以关注一些实力比较强的车企，进行"强强联合"，生产出新型的新能源汽车，更加能够满足消费者的需求。④ 我国的碳排放权交易市场现在还处于起步阶段，很多制度还不够完善。比如，我国对碳排放核算的计算标准不够清晰，碳排放核算的人才匮乏。这些都会导致我国对企业进行"碳配额"核定的时候，出现一定的偏差。

实践指引在账面价值层面存在以下问题：① 缺少对低碳研发人才的激励制度。对于有重大突破的低碳技术人才，政府和企业都要进行奖励，树立标杆效应。② 账面实践指引主要从战略、融资、投资、价值链、内部管理制度和绩效制度这几个方面进行论述，缺少行业特色和企业特色。每个行业和企业都有自己的特性，实践指引应指导企业将企业特色融入指引，提升企业价值。由此可见，实践指引的确存在一些尚需完善的地方，在试点和应用过程中，我们要不断修正和完善实践指引，并将实践指引不断推广与应用。

7.5.5 地区试点与全面推广应用

本部分在单个企业试点实践经验积累的基础上，计划研究如何进行地区试点与全国全面推广。

（1）地区试点实施要点研究

要根据A公司的试点情况，将实践指引推广至整个汽车制造行业，再推广到该地区的各行各业。实践指引要从社会层面进行设计，针对不同行业设计不同的财政补贴方案与税收优惠方式。从市场层面来分析，不断完善产品市场、资本市场、并购市场和碳排放权交易市场的实践指引。市场层面的指引设计要考虑行业的特点，具体问题具体分析，将实践指引应用到不同行业中来。从企业层面来分析，不同的企业都拥有不同的战略、不同的内部价值链、不同的内部管理制度，实践指引要给企业自主调控的空间。

（2）全面推广实施要点研究

根据试点地区的经验，考虑全国各地的具体情况，结合各个行业和地区的特点，将实践指引不断完善，在全国进行推广。实践指引要推广至全国，不能仅仅停留在对不同行业的分析，还要结合不同地区的特点进行分析，不断对实践指引进行完善。比如，我国的东北地区是重工业基地，拥有丰富的煤炭、石油、铁矿等资源，实践指引要加大对该地区企业转型的财政补贴和技术支持。东部沿海地区高新技术企业比较多，实践指引中要鼓励这些企业自主研发低碳技术。西部地区主要是我国的制造业企业，实践指引要鼓励这些企业优化生产流程，完善低碳供应链，生产和销售低碳产品。

第 8 章　研究结论与政策建议

8.1　研究结论

本书在传统企业价值创造理论总结的基础上，充分考虑“双碳”目标背景下的企业价值创造特征，构建基于“社会政治-市场-企业”三层次的企业价值创造理论体系，并据此进行实现路径与机制的研究，最终形成用于实践的操作指引。

8.1.1　对“双碳”目标背景下企业利益相关主体进行层次分类

根据对“双碳”目标背景下企业利益相关者的特征分析，本书对企业利益相关者进行三层次划分，即社会政治层面利益相关者、市场层面利益相关者与企业内部价值链层面利益相关者，对应顶层利益相关者、中间层利益相关者和基础层利益相关者。“双碳”目标背景下企业利益相关者的层次划分为两个方面。一方面，体现出企业利益相关者的不同层次需求。虽然已有研究均认同企业价值最大化就是企业利益相关者的价值最大化，但在“双碳”目标背景下未体现出企业利益相关者在需求层次上的差异。因此，本书根据利益相关者在低碳价值需求方面的不同，对其进行三个层次的分类，以体现利益相关者的差异性。另一方面，确定了企业低碳价值创造的主要参与者，企业需要在低碳经营方面迎合不同层次利益相关者的需求，从而创造不同层次的企业价值。这样就确立了利益相关者与企业价值的对应关系，对确定企业价值创造的目标与实现路径都具有重要的理论与现实意义。

8.1.2　构建了“双碳”目标背景下企业价值创造的三层次价值来源理论

基于“双碳”目标背景下低碳经济时代的特点，对应社会政治层面利益相关者、市场层面利益相关者、企业内部价值链层面利益相关者，确定三层次价值，即企业社会价值、市场价值、账面价值。顶层社会价值取决于企业低碳经营的未来增长期权价值，中间层市场价值取决于企业低碳资产的市场溢价，而基础层账面价值取决于企业与低碳相关的现金流量。在此基础上，构建了三层次价值来源理论。相比较于传统企业价值创造理论，三层次价值来源理论解决了企业低碳价值创造理论中的来源与实现路径的问题，对切实提升“双碳”目标背景下的企业价值创造具有重要的理论指导作用。

8.1.3 确定了“双碳”目标背景下企业低碳价值创造路径与实现机制

本书在研究企业低碳价值来源与利益相关者作用主体的基础上，基于“三层次价值来源”研究了提升企业低碳价值创造的理论路径与实现机制。在社会政治层面，企业主要通过低碳经营树立良好的形象来提升未来增长期权的价值，从而提供企业的价值创造；在市场层面，企业通过提升在产品市场、资本市场、并购市场与碳排放权交易市场的资产溢价来提高企业市场价值创造；在企业内部层面，企业通过实施低碳发展战略，使用资金流、内部价值链与业绩评价管理工具进行战略实施，得到企业账面价值创造。在此基础上，研究构建了每一个层次价值创造路径的实现机制，具有较强的实践借鉴作用。

8.1.4 构建了基于“目标-来源-主体-路径”的系统性企业低碳价值创造实现路径的操作指引

本书在理论构建的基础上，系统地建立了基于“目标-来源-主体-路径”的企业价值创造理论与实践体系。即基于“双碳”目标背景下企业价值创造最大化目标，确定企业价值创造的三层次来源，对应确定三层次的利益相关者主体，并据此得到实现三层次价值创造的实现路径。为了增强实践中的可操作性，本书依据不同行业与企业发展阶段，建立不同层次企业价值创造的操作指引，并与具体操作指引相配套，构建了外部治理机制和企业内部保障机制，保障操作指引的高效实施。

8.2 政策建议

对应研究结论，本书从政府、市场组织与企业自身三方面视角提出完善企业价值创造理论与实施企业价值创造操作指引的政策建议。

8.2.1　政府层面

对政府层面的政策建议主要是从企业低碳经营所产生的社会价值出发，加强对企业社会价值的衡量与宣传工作。

(1) 完善低碳运营企业社会价值的衡量与体现机制

企业进行低碳运营在短期内支出很大，其价值很大程度上来自未来增长的期权价值，短期内企业价值可能表现不好。政府需要建立对低碳运营企业的社会价值进行衡量的体系与机制，在相对完善的衡量机制基础上，建立低碳企业社会价值排行榜，并将企业在社会价值上的排名与政府补贴政策、税收优惠政策、社会信用衡量与融资政策充分挂钩。

(2) 加强舆论导向，提升低碳运营企业的社会认可度

社会认可是指社会对个体社会行为的肯定性反应，充分表现为舆论的肯定和支持、团体的赞许和表彰、他人的夸奖和效仿等。政府需要加强舆论导向，认"双碳"目标下的企业价值创造模式，特别是未能体现在账面价值与市场价值的部分需要得到认同。

(3) 强化低碳法律法规与社会低碳文化建设

在企业社会价值实现机制方面，政府需要法治与文化建设齐头并进，需要强化低碳社会价值体现的法规建设，将政府补贴与政策优惠纳入常态化的法治轨道中。另外，还需要对社会公众进行低碳教育，建立起浓厚的低碳发展文化氛围，促进低碳文化的发扬与传承，从而间接促进低碳发展企业的社会价值创造激励与认同。

8.2.2　市场组织层面

在市场组织层面，要完善市场体系，提升市场资源配置效率与价值传导体现形式，促进低碳运营企业在产品市场、资本市场、并购市场与碳排放权交易市场上具有良好的市场价值体现。

(1) 完善产品市场中产品低碳价值的体现机制

在产品市场中，主要通过构建完善的市场机制将低碳产品的价值体现在产品价格中。除了政府进行低碳引导之外，产品市场组织者需要在行业规范中完善认证制度，包括实施低碳产品质量抽查制度、强制性产品认证制度、节能认证制度、低碳与碳足迹认证制度。这些认证制度能够充分体现低碳产品的价值，并有效地反映在市场价格中，从而实现产品的市场价值创造。产品市场中的企业市场价值创造是企业最为重要的价值来源，在企业价值构成中占

据主要部分。

(2) 完善资本市场中股票低碳价值的体现机制

在资本市场中，主要着眼于绿色低碳产业在资本市场的映射，即低碳运营企业应在资本市场中获得较高的估值。一方面，通过制度创新，让越来越多的低碳发展企业获得进入资本市场的机会，满足其融资需求；另一方面，完善价值体现机制，使低碳企业获得较高的估值。通过构建与完善低碳指数、低碳板块等方式，加强资本市场中的低碳价值体现机制。

(3) 完善并购市场中低碳商誉价值的体现机制

在并购市场中，主要着眼于低碳商誉在企业市场价值中的体现机制。对于被并购企业而言，低碳运营企业被并购后能够产生足够的并购溢价，从而获得企业价值创造；而对于主并企业而言，通过并购低碳运营的企业，能够在资本市场或者其他市场中获得市场价值的增值。作为并购市场组织者，规范并购流程与强化低碳企业估值机制是促进低碳企业价值创造效率的主要措施。

(4) 完善碳排放权交易市场收益的体现机制

碳排放权交易市场是对低碳企业绩效在收益上的直接体现。我国碳排放权交易市场才建立不久，完善各方面的制度、加强价格体现机制是未来碳排放权交易市场需要改善的地方。同时，通过对交易主体设定，将更多的企业纳入碳排放权交易市场，建立更为广泛的市场机制，将企业低碳业绩在交易市场中充分体现出来。

8.2.3 企业自身层面

对于企业本身而言，通过设定低碳战略目标与加强低碳运营来提升企业账面价值。

(1) 加强企业低碳战略定位与目标设定

企业内部价值链运营效率的提升依靠准确的低碳战略定位和目标设定。在实际应用中，应避免两方面情况的发生：一方面，要避免有低碳业务、无低碳战略的情况出现；另一方面，要避免有低碳战略、无明确战略目标与实施路径的情况出现。低碳战略是“双碳”目标背景下系统提升企业价值创造的重要长期规划。企业需要在充分考虑企业外部环境与内部资源和能力的情况下，确定企业低碳发展战略目标。企业所有活动都应该围着该战略目标实施，包括战略实施路径、战略管理工具等。

(2) 加强低碳战略实施路径的运营效率

为了有效实现既定的战略目标，在战略落地方面，可以从两个方面进行战略目标实现路径的设计：一是基于低碳资金流的路径。从低碳融资与低碳投资的视角，通过使用低碳运营减少融资成本并提升投资收益，进而提高低碳EVA，实现低碳战略目标。二是基于内部价值链的路径。以内部低碳价值链作为抓手，将战略设定与实施有效联系起来，深入企业内部运营的每一个环节，切实提升内部运营效率，进而提升企业的账面价值。

(3) 加强战略管理工具的应用

以低碳业绩评价作为管理工具，重点管理内部低碳运营流程，并在终端重点关注低碳价值增加值。对应低碳战略的实施路径，企业应通过低碳业绩考核的方式促进低碳战略落地：一是以低碳 EVA 为核心的低碳业绩评价。以低碳 EVA 作为核心低碳考核指标，能够带动低碳融资与低碳投资两条路径，提升低碳投资收益并降低低碳融资成本。二是以平衡计分卡为核心的低碳业绩评价。使用平衡计分卡能够有效提升企业内部价值链效率，对实现低碳战略目标具有保障作用。

8.3 研究不足与展望

8.3.1 研究不足

在"双碳"目标背景下，本书构建了三层次企业低碳价值创造理论体系，并深入研究了企业低碳价值创造的具体路径与实现机制，但本书还存在一些不足。

(1) 缺少大数据样本的支撑

由于低碳运营企业数量有限，加上目前还无法按照三层次价值进行划分，这样就无法基于大数据样本进行研究。在研究设计方面，目前只能采用案例分析的方法，在全面推广方面具有一定的研究局限性。

(2) 低碳价值创造的实现机制有待细化

本书对"双碳"目标背景下的企业价值创造路径与实现机制构建了实践操作指引，力求实现较好的可操作性。但由于与低碳业务相关的行业较多、企业的发展阶段也各不相同，因此具体操作还有待进一步细化。

8.3.2 未来研究展望

根据我国未来的低碳发展趋势，在企业价值创造路径与实现机制方面能进一步研究的内容主要有：

（1）进一步厘清企业社会价值、市场价值与账面价值的界限

本书主要关注"双碳"目标背景下企业价值创造的实现机制，在理论分析上将企业价值区分为企业社会价值、市场价值与账面价值，但理论分析的主要目标是确定提升企业价值的路径与实现机制。即只要是对企业社会价值、市场价值与账面价值有利的实践都算实现路径，没有深入区分这三个层次企业价值的界限问题。但在未来的理论研究中，需要对这三层次价值的界限进行进一步区分。这不仅需要理论创新，还需要国家相关政策的进一步颁布实施。

（2）进一步细化企业低碳价值创造的实现机制

限于研究规模，本书对企业低碳价值创造的实现机制与操作指引进行了一般性、规律性的研究。由于涉及的低碳行业众多，而且每个低碳行业中的企业所处的发展阶段也不尽相同，因此在接下来的研究中，应进一步细化行业分类与企业所处阶段，分别研究设计企业低碳价值创造的路径与实现机制，并形成相应的操作指引，以增强对实践的指导性。

参考文献

[1] 白重恩,刘俏,陆洲,等,2005.中国上市公司治理结构的实证研究[J].经济研究,40(2):81-91.

[2] 包广清,王建辉,2023.考虑电转气-碳捕集-氢燃料电池的“以气定热”整体建模与优化[J].电力自动化设备,43(12):37-44,76.

[3] 操群,2015.碳配额、碳排放交易对短期企业价值影响分析:基于我国碳交易试点省市不同标准的比较[J].财会通讯,16:33-35.

[4] 常超,2015.低碳技术创新与企业价值的相关性研究[D].北京:北方工业大学.

[5] 陈浮,于昊辰,卞正富,等,2021.碳中和愿景下煤炭行业发展的危机与应对[J].煤炭学报,46(6):1808-1820.

[6] 陈昊,2021.W公司新能源汽车营销策略研究[D].北京:北京交通大学.

[7] 陈宏辉,贾生华,2004.企业利益相关者三维分类的实证分析[J].经济研究,39(4):80-90.

[8] 陈慧嘉,2021.D环保工程公司业务流程优化研究[D].长沙:湖南师范大学.

[9] 陈林,2002.劳动价值论与知识价值论[J].江西财经大学学报,2:37-40.

[10] 陈素琴,王晨,2013.基于低碳经济的企业绩效评价指标体系研究[J].财会通讯,21:101-103.

[11] 陈艺萍,梁晨宇,2023.企业战略与创新投资[J].南京财经大学学报,1:65-75.

[12] 陈玉清,马丽丽,2005.我国上市公司社会责任会计信息市场反应实证分析[J].会计研究,11:76-81.

[13] 陈征,2005.土地价值论[J].福建论坛(人文社会科学版),2:4-6.

[14] 程发新,程栋,赵艳萍,等,2012.基于共识决策的低碳供应商选择方法研

究[J].运筹与管理,21(6):68-73.
[15] 程发新,邵世玲,2016.基于阶段划分的企业主动碳减排创新策略实施研究[J].中国管理科学,24(8):28-36.
[16] 褚蕊,2011.基于低碳经济的企业战略绩效评价研究[D].南京:南京大学.
[17] 戴嵘,曹建华,2015.中国首次"低碳试点"政策的减碳效果评价:基于五省八市的DID估计[J].科技管理研究,35(12):56-61.
[18] 邓慧兰,赵占波,姚凯,等,2022.顾客价值视角下拼购小程序营销创新研究:基于扎根理论的案例分析[J].南开管理评论,25(6):108-117.
[19] 邓奇志,2003.知识价值论与劳动价值论研究[J].重庆大学学报(社会科学版),9(6):40-41.
[20] 邓晓飞,辛宇,滕飞,2016.官员独立董事强制辞职与政治关联丧失[J].中国工业经济,2:130-145.
[21] 邓新明,熊会兵,李剑峰,等,2014.政治关联、国际化战略与企业价值:来自中国民营上市公司面板数据的分析[J].南开管理评论,17(1):26-43.
[22] 邓玉萍,王伦,周文杰,2021.环境规制促进了绿色创新能力吗?:来自中国的经验证据[J].统计研究,38(7):76-86.
[23] 杜剑,于芝麦,2018.上市公司并购交易中的成本粘性和价值创造[J].现代财经(天津财经大学学报),38(9):61-76.
[24] 杜湘红,伍奕玲,2016.基于投资者决策的碳信息披露对企业价值的影响研究[J].软科学,30(9):112-116.
[25] 方颖,2017.多主体视角下低碳消费影响因素分析[J].商业经济研究,7:56-58.
[26] 费伟良,李奕杰,杨铭,等,2021.碳达峰和碳中和目标下工业园区减污降碳路径探析[J].环境保护,49(8):61-63.
[27] 冯华,2023.低碳消费理念指导下的旅游景区营销新模式[J].环境工程,41(2):259.
[28] 冯之浚,牛文元,2009.低碳经济与科学发展[J].中国软科学,8:13-19.
[29] 冯之浚,周荣,2010.低碳经济:中国实现绿色发展的根本途径[J].中国人口·资源与环境,20(4):1-7.
[30] 甘昌盛,2011.基于价值创造的环境管理理论研究[J].中国人口·资源与环境,21(增刊1):31-33.
[31] 高维龙,彭影,胡续楠,2023."双碳"目标下数字经济对城市节能减排的影响研究[J].城市问题(3):25-37.

[32] 巩永华，薛殿中，黄卫东，2015.低碳供应链上企业间协同知识创新的动态决策模型[J].科技管理研究，35(14)：141-147.

[33] 郭本海，黄良义，刘思峰，2013.基于“政府-企业”间委托代理关系的节能激励机制[J].中国人口・资源与环境，23(8)：160-164.

[34] 郭凤志，2003.价值、价值观念、价值观概念辨析[J].东北师大学报(哲学社会科学版)(6)：41-46.

[35] 何继江，于琪琪，秦心怡，2021.碳中和愿景下的德国汉堡能源转型经验与启示[J].河北经贸大学学报，42(4)：59-66.

[36] 贺雪峰，2007.取消农业税对国家与农民关系的影响[J].甘肃社会科学，2：1-3.

[37] 侯治平，吴艳，杨堃，等，2020.全产业链企业国际化程度、研发投入与企业价值[J].中国软科学，11：124-133.

[38] 胡鞍钢，2021.中国实现 2030 年前碳达峰目标及主要途径[J].北京工业大学学报(社会科学版)，21(3)：1-15.

[39] 胡戟，1983.从耕三余一说起：我国传统小农经济的生产效率和生产结构问题[J].中国农史，2(4)：23-33.

[40] 胡志坚，刘如，陈志，2021.中国“碳中和”承诺下技术生态化发展战略思考[J].中国科技论坛，5：14-20.

[41] 黄浩，胡晓晓，高翔，2021.关联交易、市场化进程与企业价值[J].统计与决策，37(11)：178-181.

[42] 黄强，郭怿，江建华，等，2021.“双碳”目标下中国清洁电力发展路径[J].上海交通大学学报，55(12)：1499-1509.

[43] 黄蓉，易阳，宋顺林，2013.税率差异、关联交易与企业价值[J].会计研究，8：47-53.

[44] 黄维娜，袁天荣，2020.绿色并购现状、成因及政策启示[J].财会月刊，3：9-15.

[45] 黄有方，魏明晖，王煜，等，2023.“双碳”目标导向下我国绿色航运物流发展现状与趋势[J].大连海事大学学报，49(1)：1-16.

[46] 贾利民，程鹏，张蜇，等，2022.“双碳”目标下轨道交通与能源融合发展路径和策略研究[J].中国工程科学，24(3)：173-183.

[47] 姜付秀，黄继承，2011.经理激励、负债与企业价值[J].经济研究，46(5)：46-60.

[48] 蒋琰，茅宁，2008.智力资本与财务资本：谁对企业价值创造更有效：来自

于江浙地区企业的实证研究[J].会计研究,7:49-55.
[49] 金乐琴,刘瑞,2009.低碳经济与中国经济发展模式转型[J].经济问题探索,1:84-87.
[50] 金书秦,林煜,牛坤玉,2021.以低碳带动农业绿色转型:中国农业碳排放特征及其减排路径[J].改革,5:29-37.
[51] 景鹏,王静,陈龙,等,2016.考虑主观态度的低碳出行市场细分实证研究[J].预测,35(6):37-43.
[52] 李白冰,1995.税收和财政补贴与企业行为[J].北京理工大学学报,15(1):29-33.
[53] 李勃昕,张玉荣,朱承亮,等,2022.中国跨境投资的内外双循环溢出效应[J].财经研究,48(3):4-18.
[54] 李高,2021.“双碳”目标指引新发展[J].中国环境管理,13(4):152.
[55] 李海舰,冯丽,2004.企业价值来源及其理论研究[J].中国工业经济,3:52-60.
[56] 李欢,郑杲娉,徐永新,2014.家族企业“去家族化”与公司价值:来自我国上市公司的经验证据[J].金融研究,11:127-141.
[57] 李慧云,符少燕,高鹏,2016.媒体关注、碳信息披露与企业价值[J].统计研究,33(9):63-69.
[58] 李建林,李光辉,马速良,等,2021.碳中和目标下制氢关键技术进展及发展前景综述[J].热力发电,50(6):1-8.
[59] 李珂,尹宽,杨洋,2018.博弈分析下的低碳消费引导机制研究:消费者、企业、政府的平衡[J].商业经济研究,20:40-43.
[60] 李粮,2023.公司治理视角下企业数字使用鸿沟弥合机制研究:基于利益相关者理论和信号传递理论[J].经济问题,5:31-40.
[61] 李鹏,2022.碳达峰与中国经济高质量发展关系研究[J].苏州大学学报(哲学社会科学版),43(6):106-114.
[62] 李强,聂锐,2009.环境规制与区域技术创新:基于中国省际面板数据的实证分析[J].中南财经政法大学学报,4:18-23.
[63] 李善民,史欣向,万自强,2013.关联并购是否会损害企业绩效?基于DEA-SFA 二次相对效益模型的研究[J].金融经济学研究,28(3):55-67.
[64] 李十中,2021.推动新能源革命促进实现碳中和目标[J].学术前沿,14:42-51.
[65] 李涛,李昂,宋沂邈,等,2021.市场激励型环境规制的价值效应:基于碳

排放权交易机制的研究[J].科技管理研究,41(13):211-222.
[66] 李维安,王世权,2007.利益相关者治理理论研究脉络及其进展探析[J].外国经济与管理,29(4):10-17.
[67] 李卫东,李逸龙,滕霖,等,2023."双碳"目标下的氨能技术与经济性研究进展[J].化工进展,42(12):6226-6238.
[68] 李晓慧,2021.绿色信贷对企业投资效率的影响研究:基于《绿色信贷指引》的准自然实验[D].兰州:兰州财经大学.
[69] 李晓静,陈哲,刘斐,等,2020.参与电商会促进猕猴桃种植户绿色生产技术采纳吗:基于倾向得分匹配的反事实估计[J].中国农村经济,3:118-135.
[70] 李新安,2021.环境规制、政府补贴与区域绿色技术创新[J].经济经纬,38(3):14-23.
[71] 李新翠,2002.企业市场价值及其评价研究[D].武汉:武汉理工大学.
[72] 李亚峰,乐琦,张磊,2010.一种基于模糊推理的新产品开发风险评价方法[J].管理科学,23(5):53-61.
[73] 李英利,谭梦卓,2019.会计信息透明度与企业价值:基于生命周期理论的再检验[J].会计研究,10:27-33.
[74] 李正,2006.企业社会责任与企业价值的相关性研究:来自沪市上市公司的经验证据[J].中国工业经济,2:77-83.
[75] 凌六一,董鸿翔,梁樑,2012.从政府补贴的角度分析垄断的绿色产品市场[J].运筹与管理,21(5):139-144.
[76] 刘冬荣,毛黎明,李世辉,等,2009.基于企业价值的上市公司社会责任信息披露实证分析[J].系统工程,27(2):69-72.
[77] 刘建民,刘星,2007.关联交易与公司内部治理机制实证研究:来自沪深股市的经验证据[J].中国软科学,1:79-89.
[78] 刘萍,杨卫华,张建,等,2021.碳中和目标下的减排技术研究进展[J].现代化工,41(6):6-10.
[79] 刘仁厚,王革,黄宁,等,2021.中国科技创新支撑碳达峰、碳中和的路径研究[J].广西社会科学,8:1-7.
[80] 刘荣娟,赵道致,2014.低碳经济发展模式下供应商选择问题研究[J].北京交通大学学报(社会科学版),13(1):8-14.
[81] 刘淑莲,2004.企业价值评估与价值创造战略研究:两种价值模式与六大驱动因素[J].会计研究,9:67-71.

[82] 刘玮，万燕鸣，熊亚林，等，2022.“双碳”目标下我国低碳清洁氢能进展与展望[J].储能科学与技术，11(2)：635-642.
[83] 刘文龙，吉蓉蓉，2019.低碳意识和低碳生活方式对低碳消费意愿的影响[J].生态经济，8：40-45.
[84] 刘小红，张人龙，单汨源，2020.低碳供应链柔性资源配置模型及算法的鲁棒性研究[J].企业经济，39(8)：79-86.
[85] 刘晓华，张涛，刘效辰，等，2023.面向双碳目标的建筑能源系统再认识[J].力学学报，55(3)：699-709.
[86] 刘晓龙，崔磊磊，李彬，等，2021.碳中和目标下中国能源高质量发展路径研究[J].北京理工大学学报(社会科学版)，23(3)：1-8.
[87] 刘星，刘伟，2007.监督，抑或共谋：我国上市公司股权结构与公司价值的关系研究[J].会计研究，6：68-75.
[88] 刘燕华，李宇航，王文涛，2021.中国实现“双碳”目标的挑战、机遇与行动[J].中国人口·资源与环境，31(9)：1-5.
[89] 刘艺林，方茜，2021.市场关注与机构股市泡沫骑乘[J].现代财经(天津财经大学学报)，41(12)：19-32.
[90] 刘银国，朱龙，2011.公司治理与企业价值的实证研究[J].管理评论，23(2)：45-52.
[91] 刘自敏，李兴，2022.“双碳”目标下中国电力市场的无谓损失与价格机制[J].经济学动态，12：104-122.
[92] 柳学信，丁雪，孔晓旭，2023.非国有股东治理对国有企业长期投资价值的影响[J].财会月刊，44(4)：137-143.
[93] 龙文滨，宋献中，2013.社会责任投入增进价值创造的路径与时点研究：一个理论分析[J].会计研究，12：60-64.
[94] 娄桂莲，董淑兰，2016.利益相关者结构及其企业价值创造框图构建[J].当代会计评论，9(1)：146-161.
[95] 陆庆平，2006.以企业价值最大化为导向的企业绩效评价体系：基于利益相关者理论[J].会计研究，3：56-62.
[96] 陆蓉，孙欣钰，2021.机构投资者概念股偏好与股市泡沫骑乘[J].中国工业经济，3：174-192.
[97] 陆蓉，徐龙炳，2004.“牛市”和“熊市”对信息的不平衡性反应研究[J].经济研究，39(3)：65-72.
[98] 罗党论，刘聪聪，谭衍俊，2021.投机文化与控股股东股权质押行为[J].会

计研究,10:69-83.

[99] 马东,2022 俊.提升企业碳循环核心能力的实现路径[J].人民论坛,3:91-93.

[100] 马振涛,胡建国,2015.低碳消费政策分析框架与消费行为:珠海市的实证研究[J].生态经济,9:76-79.

[101] 毛涛,2022."双碳"目标下中国工业低碳转型研究[J].改革,8:67-75.

[102] 茅宁,2001.无形资产在企业价值创造中的作用与机理分析[J].外国经济与管理,23(7):2-8.

[103] 潘福祥,2004.公司治理与企业价值的实证研究[J].中国工业经济,4:107-112.

[104] 潘文泳,朱小明,2023.经济政策不确定性对企业并购的影响研究[J].大连理工大学学报(社会科学版),44(3):36-44.

[105] 潘晓滨,2021.碳中和背景下碳捕获与封存技术纳入碳市场的立法经验及中国启示[J].太平洋学报,29(6):13-24.

[106] 潘扬,张文龙,2023.独立董事网络影响公司资本结构吗?基于同伴效应的理论分析与实证检验[J].济南大学学报(社会科学版),33(2):90-111.

[107] 庞晶,李文东,2011.低碳消费偏好与低碳产品需求分析[J].中国人口·资源与环境,21(9):76-80.

[108] 仇保兴,2021.城市碳中和与绿色建筑[J].城市发展研究,28(7):1-8,49.

[109] 齐宝鑫,武亚军,2018.战略管理视角下利益相关者理论的回顾与发展前瞻[J].工业技术经济,37(2):3-12.

[110] 齐绍洲,徐佳,2018.环境规制与制造业低碳国际竞争力:基于二十国集团"波特假说"的再检验[J].武汉大学学报(哲学社会科学版),71(1):132-144.

[111] 任杰,何平,龚本刚,2016.低碳经济下政企博弈与政府补贴策略研究[J].运筹与管理,25(6):258-265.

[112] 阮素梅,杨善林,张莉,2015.公司治理与资本结构对上市公司价值创造能力综合影响的实证研究[J].中国管理科学,23(5):168-176.

[113] 沈世铭,许睿,陈非儿,2023.我国绿色低碳循环经济高质量发展的空间非均衡性及收敛性[J].中国流通经济,37(2):18-30.

[114] 生延超,2008.创新投入补贴还是创新产品补贴:技术联盟的政府策略选择[J].中国管理科学,16(6):184-192.

[115] 师帅，臧发霞，池佳，2021.新时期我国低碳经济发展面临的机遇与挑战[J].理论探讨，2：115-119.

[116] 史海威，李松柏，2013.中国低碳发展的理论逻辑及其阐释[J].湖南社会科学，1：173-175.

[117] 宋爱忠，2019.效用价值论与生产要素价值论再批判：兼析“科恩悖论”[J].管理学刊，32(3)：11-18.

[118] 宋加山，赵锐锃，郭婷婷，2020.基于中介效应模型的政府补贴、政治关联与民营上市企业价值研究[J].软科学，34(7)：82-87.

[119] 隋敏，王竹泉，2013.社会资本对企业价值创造影响研究：理论、机理与应用[J].当代财经，7：111-121.

[120] 孙国茂，2002.公司价值理论与股票定价[J].经济学动态，2：30-34.

[121] 孙秋枫，年综潜，2022.“双碳”愿景下的绿色金融实践与体系建设[J].福建师范大学学报(哲学社会科学版)，1：71-79.

[122] 孙小丽，2019.企业社会责任与品牌价值的关系研究：基于食品行业消费者购买意愿的实证分析[J].价格理论与实践，7：116-119.

[123] 孙艳霞，2012.基于不同视角的企业价值创造研究综述[J].南开经济研究，1：145-152.

[124] 唐清泉，韩宏稳，2018.关联并购与公司价值：会计稳健性的治理作用[J].南开管理评论，21(3)：23-34.

[125] 田利辉，张伟，2013.政治关联影响我国上市公司长期绩效的三大效应[J].经济研究，48(11)：71-86.

[126] 田也壮，李华山，裴学亮，2014.制造能力沙堆模型实证研究：创新要素的重新定位[J].研究与发展管理，26(3)：104-114.

[127] 万寿义，刘正阳，2013.制度背景、公司价值与社会责任成本：来自沪深300 指数上市公司的经验证据[J].南开管理评论，16(1)：83-91.

[128] 王灿，张雅欣，2020.碳中和愿景的实现路径与政策体系[J].中国环境管理，12(6)：58-64.

[129] 王凤荣，王康仕，2018.“绿色”政策与绿色金融配置效率：基于中国制造业上市公司的实证研究[J].财经科学，5：1-14.

[130] 王辉，2005.企业利益相关者治理研究：从资本结构到资源结构[M].北京：高等教育出版社.

[131] 王金丽，李丰胜，解芳，等，2023.“双碳” 战略背景下新型配电系统技术标准体系[J].中国电力，56(5)：22-31

[132] 王文军，赵黛青，陈勇，2011.我国低碳技术的现状、问题与发展模式研究[J].中国软科学，12：84-91.

[133] 王先庆，武亮，2011.低碳商业背景下的采购低碳化趋势与供应商选择：基于企业社会责任的一般线性模型[J].财贸经济，2：74-79.

[134] 王学婷，张俊飚，2022.双碳战略目标下农业绿色低碳发展的基本路径与制度构建[J].中国生态农业学报（中英文），30(4)：516-526.

[135] 王永中，2021.碳达峰、碳中和目标与中国的新能源革命[J].学术前沿，14：88-96.

[136] 王勇，韩舒婉，李嘉源，等，2019.五大交通运输方式碳达峰的经验分解与情景预测：以东北三省为例[J].资源科学，41(10)：1824-1836.

[137] 魏志华，赵悦如，吴育辉，2017."双刃剑"的哪一面：关联交易如何影响公司价值[J].世界经济，40(1)：142-167.

[138] 温军，冯根福，2021.股票流动性、股权治理与国有企业绩效[J].经济学（季刊），21(4)：1301-1322.

[139] 文建东，陈明留，2023.中国企业 OFDI 对投资母国碳减排质量的影响研究：基于技术创新效应的检验[J].江汉论坛，4：27-35.

[140] 巫岑，唐清泉，2016.关联并购具有信息传递效应吗？基于企业社会资本的视角[J].审计与经济研究，31(2)：81-90.

[141] 吴文锋，吴冲锋，刘晓薇，2008.中国民营上市公司高管的政府背景与公司价值[J].经济研究，43(7)：130-141.

[142] 吴贤荣，张俊飚，田云，等，2014.中国省域农业碳排放：测算、效率变动及影响因素研究：基于 DEA-Malmquist 指数分解方法与 Tobit 模型运用[J].资源科学，36(1)：129-138.

[143] 夏庆利，2010.基于碳汇功能的我国农业发展方式转变研究[J].生态经济，26(10)：106-109.

[144] 夏先良，2016.适应时代呼唤的低碳消费奠基性研究：评俞海山著《低碳消费论》[J].财贸经济，37(9)：2.

[145] 夏雪花，2011.低碳经济时代企业财务策略探讨[J].财会通讯，26：99-100.

[146] 项定先，2021.碳达峰碳中和目标下的能源现状分析及发展趋势路径[J].工业安全与环保，47(增刊 1)：20-24.

[147] 谢和平，任世华，谢亚辰，等，2021.碳中和目标下煤炭行业发展机遇[J].煤炭学报，46(7)：2197-2211.

[148] 谢和平，任世华，谢亚辰，等，2021.碳中和目标下煤炭行业发展机遇[J].煤炭学报，46(7)：2197-2211.
[149] 解学梅，霍佳阁，王宏伟，2019.绿色工艺创新与制造业行业财务绩效关系研究[J].科研管理，40(3)：63-73.
[150] 熊榕，梁承姬，韩婷婷，2019.基于消费者低碳偏好的供应链碳减排策略[J].上海海事大学学报，40(4)：52-60.
[151] 徐寿福，徐龙炳，2015.信息披露质量与资本市场估值偏误[J].会计研究，1：40-47.
[152] 徐向艺，张立达，2008.上市公司股权结构与公司价值关系研究：一个分组检验的结果[J].中国工业经济，4：102-109.
[153] 许庆瑞，王伟强，吕燕，1995.中国企业环境技术创新研究[J].中国软科学，5：16-20.
[154] 许士春，何正霞，龙如银，2012.环境政策工具比较：基于企业减排的视角[J].系统工程理论与实践，32(11)：2351-2362.
[155] 闫华红，吴启富，毕洁，2016.基于碳排放价值链的企业绩效评价体系的构建与应用[J].审计研究，6：55-63.
[156] 严冬，2021.马克思劳动价值理论的时代价值[J].人民论坛，11：95-97.
[157] 晏智杰，2001.经济学价值理论新解：重新认识价值概念、价值源泉及价值实现条件[J].北京大学学报(哲学社会科学版)，38(6)：10-17.
[158] 杨萌萌，2021.百川能源股份有限公司低碳发展战略研究[D].乌鲁木齐：新疆大学.
[159] 杨嵘均，2022.智力劳动与知识价值论：传播政治经济学的理论基础[J].社会科学，7：20-37.
[160] 杨仕辉，魏守道，2014.出口补贴还是出口征税：碳关税背景下贸易政策及实施时机选择的博弈分析[J].国际经贸探索，30(2)：39-51.
[161] 杨寅，刘勤，2020.企业财务转型与价值创造影响因素分析：基于力场模型视角的财务共享服务中心多案例研究[J].会计研究，3(7)：23-37.
[162] 叶志桂，2004.西方顾客价值研究理论综述[J].北京工商大学学报(社会科学版)，19(4)：11-15，87.
[163] 尹积军，吴文传，2023.浙江构建新型电力系统的技术路径与实践[J].中国电机工程学报，4(2)：1-10.
[164] 于晓燕，2013.低碳经济下企业战略绩效评价指标体系研究[D].南昌：华东交通大学.

[165] 于新,2010.劳动价值论与效用价值论发展历程的比较研究[J].经济纵横,3:31-34.

[166] 余碧莹,赵光普,安润颖,等,2021.碳中和目标下中国碳排放路径研究[J].北京理工大学学报(社会科学版),23(2):17-24.

[167] 余玉苗,詹俊,2001.论增值型企业内部审计的发展[J].审计研究,5:31-34.

[168] 俞和胜,祁海鹰,谭忠超,2023."双碳"背景下传统化石能源脱碳制氢增值化利用技术[J].清华大学学报(自然科学版),63(8):1226-1235.

[169] 云虹,薛宇婷,段夏莹,2018.低碳经济下运输企业财务评价指标的优化[J].财会月刊,17:62-68.

[170] 张保银,汪波,吴煜,2006.基于循环经济模式的政府激励与监督问题[J].中国管理科学,14(1):136-141.

[171] 张广胜,王珊珊,2014.中国农业碳排放的结构、效率及其决定机制[J].农业经济问题,35(7):18-26,110.

[172] 张国兴,张绪涛,程素杰,等,2013.节能减排补贴政策下的企业与政府信号博弈模型[J].中国管理科学,21(4):129-136.

[173] 张华夏,2001.主观价值和客观价值的概念及其在经济学中的应用[J].中国社会科学,6:24-33.

[174] 张静,2018.低碳经济视域下上市公司碳信息披露质量与财务绩效关系研究[J].兰州大学学报(社会科学版),46(2):154-165.

[175] 张静中,蔡敏敏,林萍辉,2014.低碳经济条件下的企业低碳营销[J].南京工程学院学报(社会科学版),14(1):47-52.

[176] 张九天,张璐,2021.面向碳中和目标的碳捕集、利用与封存发展初步探讨[J].热力发电,50(1):1-6.

[177] 张令荣,彭博,程春琪,2022.基于区块链技术的低碳供应链政府补贴策略研究[J].中国管理科学,3(1):1-13.

[178] 张鲁秀,李光红,亓晓庆,2014.企业低碳技术创新资金支持模型与策略研究[J].山东社会科学,6:168-172.

[179] 张倩,曲世友,2013.环境规制下政府与企业环境行为的动态博弈与最优策略研究[J].预测,32(4):35-40.

[180] 张时聪,王珂,杨芯岩,等,2021.建筑部门碳达峰碳中和排放控制目标研究[J].建筑科学,37(8):189-198.

[181] 张涛,吴梦萱,周立宏,2022.碳排放权交易是否促进企业投资效率:基

于碳排放权交易试点的准实验[J].浙江社会科学,1:39-47,157-158.
[182] 张贤,郭偲悦,孔慧,等,2021.碳中和愿景的科技需求与技术路径[J].中国环境管理,13(1):65-70.
[183] 张翔,2015.低碳经济环境下出版企业绿色价值链重构研究[J].企业经济,34(2):66-70.
[184] 张新,2003.并购重组是否创造价值?中国证券市场的理论与实证研究[J].经济研究,6:20-29.
[185] 张扬,2021.企业社会责任、创新投入与品牌价值提升的门槛效应分析[J].商业经济研究,4:86-89.
[186] 张永生,巢清尘,陈迎,等,2021.中国碳中和:引领全球气候治理和绿色转型[J].国际经济评论,3:9-26.
[187] 张友国,2021.碳达峰、碳中和工作面临的形势与开局思路[J].行政管理改革,3:77-85.
[188] 张玉琴,2014.关于企业绩效评价体系的思考[J].财经问题研究,增刊2:107-111.
[189] 张跃胜,张寅雪,邓帅艳,2022.异质性环境规制与城市经济韧性:基于全国278个地级市的实证检验[J].贵州社会科学,395(11):135-143.
[190] 张兆国,梁志钢,尹开国,2012.利益相关者视角下企业社会责任问题研究[J].中国软科学,2:139-146.
[191] 张中祥,2021.碳达峰、碳中和目标下的中国与世界:绿色低碳转型、绿色金融、碳市场与碳边境调节机制[J].人民论坛·学术前沿,14:69-79.
[192] 张子元,傅端香,原白云,2019.考虑延迟效应和低碳商誉的低碳供应链决策与协调研究[J].北京交通大学学报(社会科学版),18(4):140-150.
[193] 赵书新,2011.节能减排政府补贴激励政策设计的机理研究[D].北京:北京交通大学.
[194] 赵细康,2003.环境保护与产业国际竞争力:理论与实证分析[M].北京:中国社会科学出版社.
[195] 郑杲娉,薛健,陈晓,2014.兼任高管与公司价值:来自中国的经验证据[J].会计研究,5(11):24-29.
[196] 郑国坚,2009.基于效率观和掏空观的关联交易与盈余质量关系研究[J].会计研究,10:68-76.
[197] 郑建明,刘琳,刘一凡,2014.政治关联的结构特征、多元化驱动与公司价值[J].金融研究,2:167-179.

[198] 郑立群，张宇，2013.我国省区低碳发展特征与目标研究[J].科技进步与对策，30(3)：32-36.

[199] 中国人民大学气候变化与低碳经济研究所，2010. 低碳经济：中国用行动告诉哥本哈根[M].北京：石油工业出版社.

[200] 周丹，2021.社会主义市场经济条件下的资本价值[J].中国社会科学，4：128-145.

[201] 朱迪・丽丝，2002.自然资源：分配、经济学与政策[M].蔡运龙，等译.北京：商务印书馆.

[202] 庄贵阳，2006.能源补贴政策及其改革：为减排提供经济激励[J].气候变化研究进展，2(2)：78-81.

[203] 庄贵阳，窦晓铭，2021.新发展格局下碳排放达峰的政策内涵与实现路径[J].新疆师范大学学报(哲学社会科学版)，42(6)：124-133.

[204] 邹才能，熊波，薛华庆，等，2021b.新能源在碳中和中的地位与作用[J].石油勘探与开发，48(2)：411-420.

[205] 邹才能，薛华庆，熊波，等，2021a."碳中和"的内涵、创新与愿景[J].天然气工业，41(8)：46-57.

[206] ALONSO P D A，ITURRIAGA F J L，SANZ J A R，2005.Financial decisions and growth opportunities：a Spanish firm's panel data analysis[J].Applied financial economics，15(6)：391-407.

[207] ANGELL L C，KLASSEN R D，1999.Integrating environmental issues into the mainstream：an agenda for research in operations management [J].Journal of operations management，17(5)：575-598.

[208] AZIZ W A，2019.Business process reengineering impact on SMEs operations：evidences from GCC region [J]. International journal of services and operations management，33(4)：545.

[209] BAJONA C，KELLY D L，2012.Trade and the environment with pre-existing subsidies：a dynamic general equilibrium analysis[J].Journal of environmental economics and management，64(2)：253-278.

[210] BANSAL S，2008.Choice and design of regulatory instruments in the presence of green consumers[J].Resource and energy economics，30(3)：345-368.

[211] BOSE S，SAHA A，ABEYSEKERA I，2020. The value relevance of corporate social responsibility expenditure：evidence from regulatory

decisions.[J].Abacus,56(4):455-494.

[212] BRAMMER S,BROOKS C,PAVELIN S,2006.Corporate social performance and stock returns:UK evidence from disaggregate measures [J].Financial management,35(3):97-116.

[213] CECERE G,CORROCHER N,2016.Stringency of regulation and innovation in waste management:an empirical analysis on EU countries [J].Industry and innovation,23(7):625-646.

[214] CHASE R B,AQUILANO N J,1992.Production and operations management:a life cycle approach[M].6th ed.Homewood,IL:Irwin.

[215] CHEN X,BENJAAFAR S,ELOMRI A,2013.The carbon-constrained EOQ[J].Operations research letters,41(2):172-179.

[216] CLARA V P,JESSICA C,2010. On the interaction between imperfect compliance and technology option:taxes versus tradable emissions permits [J]. Journal of regulatory e-conomic,38:274-291.

[217] COLE-BAKER G,BOWYER J,1998.The role of the independent technical audit in raising finance[J].Journal of the south African institute of mining and metallurgy,98:317-326.

[218] DIBRELL C,CRAIG J B,HANSEN E N,2011.How managerial attitudes toward the natural environment affect market orientation and innovation[J].Journal of business research,64(4):401-407.

[219] DIMAGGIO P J,POWELL W W,1983.The iron cage revisited:institutional isomorphism and collective rationality in organizational fields [J].American sociological review,48(2):147.

[220] DONALDSON T,DUNFEE T W,1995.Integrative social contracts theory[J].Economics and philosophy,11(1):85-112.

[221] EIKELAND P,1994.US environmental NGOs:new strategies for new environmental problems? [J].Journal of social,political,and economic studies,19:259.

[222] ERRUNZA V R,SENBET L W,1981.The effects of international operations on the market value of the firm:theory and evidence[J].The journal of finance,36(2):401-417.

[223] FACCIO M,2006.Politically connected firms[J].American economic review,96(1):369-386.

[224] FISMAN R,2001.Estimating the value of political connections[J].American economic review,91(4):1095-1102.

[225] FLAMMER C,2015.Does corporate social responsibility lead to superior financial performance? A regression discontinuity approach[J]. Management science,61(11):2549-2568.

[226] FREDERICK W C,DAVIS K,POST J E,1988.Business and society: corporate strategy, public policy, ethics [M]. 6th ed. New York: McGraw-Hill.

[227] GALINATO G I,YODER J K,2010.An integrated tax-subsidy policy for carbon emission reduction[J].Resource and energy economics, 32(3):310-326.

[228] GHOUL S E ,GUEDHAMI O ,KWOK C C Y ,et al,2011.Does corporate social responsibility affect the cost of capital? [J].Journal of banking and finance,35(9):2388-2406.

[229] GUIDARA A,KHLIF H,JARBOUI A,2014.Voluntary and timely disclosure and the cost of debt:South African evidence[J].Meditari accountancy research,22(2):149-164.

[230] HAMAMOTO M,2006.Environmental regulation and the productivity of Japanese manufacturing industries[J].Resource and energy economics, 28(4):299-312.

[231] HART O,MOORE J,1998.Default and renegotiation:a dynamic model of debt[J].The quarterly journal of economics,113(1):1-41.

[232] HART S L,AHUJA G,1996.Does it pay to be green? An empirical examination of the relationship between emission reduction and firm performance[J].Business strategy and the environment,5(1):30-37.

[233] HOEN K M R,TAN T,FRANSOO J C,et al,2014.Effect of carbon emission regulations on transport mode selection under stochastic demand[J].Flexible services and manufacturing journal,26(1):170-195.

[234] HOSSAIN M S,2011.Panel estimation for CO_2 emissions,energy consumption,economic growth,trade openness and urbanization of newly industrialized countries[J].Energy policy,39(11):6991-6999.

[235] HU B Y,MENG C,XU D,et al,2016.Three-echelon supply chain coordination with a loss-averse retailer and revenue sharing contracts

[J].International journal of production economics,179:192-202.

[236] IRAWAN D,ASTUTI S,AFIFAH N,2021.The effect of corporate social responsibility disclosure on earning management and firm value:evidence from Indonesia[J].Journal of Asian finance,economics and business,8:103-109.

[237] JABBOUR C J C,SILVA E M,PAIVA E L,2012.Environmental management in Brazil:is it a completely competitive priority? [J]. Journal of cleaner production,21(1):11-22.

[238] JAFFE A B,1995.Environmental regulation and the competitiveness of U.S. manufacturing: what does the evidence tell us? [J].Journal of Economic Literature,33(1):132-163.

[239] JAFFE A B,PALMER K,1997.Environmental regulation and innovation:a panel data study[J].Review of economics and statistics,79(4):610-619.

[240] JAIN N,2006.Debt,managerial compensation and learning[J].European economic review,50(2):377-399.

[241] JI J N,ZHANG Z Y,YANG L,2017.Carbon emission reduction decisions in the retail-/ dual-channel supply chain with consumers' preference[J].Journal of cleaner production,141:852-867.

[242] JOHNSON J L,DAILY C M,ELLSTRAND A E,1996.Boards of directors:a review and research agenda[J].Journal of management,22(3):409-438.

[243] KANG M,LEE H Y,LEE M G,et al,2014.The association between related-party transactions and control-ownership wedge:evidence from Korea[J].Pacific-basin finance journal,29:272-296.

[244] KARANFIL F,YEDDIR-TAMSAMANI Y,2010.Is technological change biased toward energy? A multi-sectoral analysis for the French economy[J].Energy policy,38(4):1842-1850.

[245] KEMP R P M,1995.Environmental policy and technical change:a comparison of the technological impact of policy instruments[D]. University of Maastricht.

[246] KESAVAYUTH D,ZIKOS V,2013.R&D versus output subsidies in mixed markets[J].Economics letters,118(2):293-296.

[247] KIM W S,LYN E O,1986.Excess market value,the multinational corporation, and Tobin's q-ratio[J].Journal of international business studies,17(1):119-125.

[248] KLASSEN R D,MCLAUGHLIN C P,1996.The impact of environmental management on firm performance[J].Management science,42(8):1199-1214.

[249] KNELLER R,MANDERSON E,2012.Environmental regulations and innovation activity in UK manufacturing industries[J].Resource and energy economics,34(2):211-235.

[250] KOUFTEROS X A,VONDEREMBSE M A,DOLL W J,2002.Examining the competitive capabilities of manufacturing firms[J].Structural equation modeling:a multidisciplinary journal,9(2):256-282.

[251] KRAJEWSKI L J, RITZMAN L P, 1993. Operations management: strategy and analysis[M].Wokingham:Addison-Wesley.

[252] LU H,OH W Y,KLEFFNER A,et al,2021.How do investors value corporate social responsibility? Market valuation and the firm specific contexts[J].Journal of business research,125:14-25.

[253] MACHO-STADLER I,2008.Environmental regulation:choice of instruments under imperfect compliance[J].Spanish economic review,10(1):1-21.

[254] MANCHIRAJU H, RAJGOPAL S, 2017. Does corporate social responsibility (CSR) create shareholder value? evidence from the Indian companies act 2013[J].Journal of accounting research,55(5):1257-1300.

[255] MCCONNELL J J,SERVAES H,1995.Equity ownership and the two faces of debt[J].Journal of financial economics,39(1):131-157.

[256] MCWILLIAMS A, SIEGEL D, 2000. Corporate social responsibility and financial performance: correlation or misspecification? [J]. Strategic management journal,21(5):603-609.

[257] MILLIMAN S R,PRINCE R,1989.Firm incentives to promote technological change in pollution control[J].Journal of environmental economics and management,17(3):247-265.

[258] MITCHELL R K,AGLE B R,WOOD D J,1997.Toward a theory of

stakeholder identification and salience: defining the principle of who and what really counts[J]. Academy of management review, 22(4): 853-886.

[259] NANTELL T J, COPELAND T, KOLLER T, et al, 1991. Valuation: measuring and managing the value of companies[J]. The journal of finance, 46(1): 459.

[260] NIDUMOLU R, PRAHALAD C K, RANGASWAMI M R, 2015. Why sustainability is now the key driver of innovation[J]. IEEE engineering management review, 43(2): 85-91.

[261] NOCI G, 1997. Designing 'green' vendor rating systems for the assessment of a supplier's environmental performance[J]. European journal of purchasing and supply management, 3(2): 103-114.

[262] PORTER M E, VANDER L C, 1995. Toward a new conception of the environment-competitiveness relationship[J]. Journal of economic perspectives, 9(4): 97-118.

[263] POST J E, PRESTON L E, SACHS S, 2002. Redefining the corporation: stakeholder management and organizational wealth[M]. Stanford, Calif.: Stanford University Press.

[264] REQUATE T, UNOLD W, 2003. Environmental policy incentives to adopt advanced abatement technology[J]. European economic review, 47(1): 125-146.

[265] ROSENZWEIG E D, ROTH A V, 2004. Towards a theory of competitive progression: evidence from high-tech manufacturing[J]. Production and operations management, 13(4): 354-368.

[266] ROUSSEAU S, PROOST S, 2005. Comparing environmental policy instruments in the presence of imperfect compliance: a case study[J]. Environmental and resource economics, 32(3): 337-365.

[267] RUSSO M V, FOUTS P A, 1997. A resource-based perspective on corporate environmental performance and profitability[J]. Academy of management journal, 40(3): 534-559.

[268] SEURING S, MüLLER M, 2008. From a literature review to a conceptual framework for sustainable supply chain management[J]. Journal of cleaner production, 16(15): 1699-1710.

[269] SHIMADA K, TANAKA Y, GOMI K, et al, 2007. Developing a long-term local society design methodology towards a low-carbon economy: an application to Shiga Prefecture in Japan[J]. Energy policy, 35(9): 4688-4703.

[270] SLATER J, ANGEL I T, 2000. The impact and implications of environmentally linked strategies on competitive advantage[J]. Journal of business research, 47(1): 75-89.

[271] SLINNER W, 1969. Manufacturing-missing link in corporate strategy [J]. Harvard business review, 47(3): 136-145.

[272] SONG Y, YANG T T, ZHANG M, 2019. Research on the impact of environmental regulation on enterprise technology innovation: an empirical analysis based on Chinese provincial panel data[J]. Environmental science and pollution research, 26(21): 21835-21848.

[273] STUCKI T, WOERTER M, ARVANITIS S, et al, 2018. How different policy instruments affect green product innovation: a differentiated perspective[J]. Energy policy, 114: 245-261.

[274] TESTA F, IRALDO F, FREY M, 2011. The effect of environmental regulation on firms' competitive performance: the case of the building & construction sector in some EU regions[J]. Journal of environmental management, 92(9): 2136-2144.

[275] THOMAS L J, HAYES R H, WHEELWRIGHT S C, 1985. Restoring our competitive edge: competing through manufacturing[J]. Administrative science quarterly, 30(2): 305.

[276] UHLANER L M, BERENT-BRAUN M M, JEURISSEN R J M, et al, 2012. Beyond size: predicting engagement in environmental management practices of Dutch SMEs[J]. Journal of business ethics, 109(4): 411-429.

[277] UTAMA C A, UTAMA S, 2014. Corporate governance, size and disclosure of related party transactions, and firm value: indonesia evidence[J]. International journal of disclosure and governance, 11(4): 341-365.

[278] VACHON S, KLASSEN R D, 2008. Environmental management and manufacturing performance: the role of collaboration in the supply chain[J]. International journal of production economics, 111(2): 299-315.

[279] WAGNER M, 2007. On the relationship between environmental management, environmental innovation and patenting: evidence from Ger-

man manufacturing firms[J].Research policy,36(10):1587-1602.

[280] WEINGAND D E,1997.Customer service excellence:a concise guide for librarians[M].Chicago:American Library Association.

[281] WELFORD R,1992.Linking quality and the environment:a strategy for the implementation of environmental management systems[J]. Business strategy and the environment,1(1):25-34.

[282] WIENGARTEN F,PAGELL M,2012.The importance of quality management for the success of environmental management initiatives[J]. International journal of production economics,140(1):407-415.

[283] WOODRUFF R B,1997.Customer value:the next source for competitive advantage[J].Journal of the academy of marketing science,25(2):139-153.

[284] XU X P, HE P, XU H, et al, 2017. Supply chain coordination with green technology under cap-and-trade regulation [J]. International journal of production economics,183:433-442.

[285] YALABIK B,FAIRCHILD R J,2011.Customer,regulatory,and competitive pressure as drivers of environmental innovation[J]. International journal of production economics,131(2):519-527.

[286] YANG L,ZHENG C S,XU M H,2014.Comparisons of low carbon policies in supply chain coordination[J].Journal of systems science and systems engineering,23(3):342-361.

[287] ZEITHAML V A, BERRY L L, PARASURAMAN A, 1993. The nature and determinants of customer expectations of service [J]. Journal of the academy of marketing science,21(1):1-12.

[288] ZHOU L X,WU W P,LUO X M,2007.Internationalization and the performance of born-global SMEs:the mediating role of social networks[J]. Journal of international business studies,38(4):673-690.

[289] ZHU Y J,ZHU X N,2012.Impact of the share structure reform on the role of operating related party transactions in China[J]. Emerging markets finance and trade,48(6):73-94.